심장이
쿵하는
철학자의 말

심장이
쿵하는
철학자의 말

초판 1쇄 발행 2016년 11월 23일

원저 세계 대철학자 37인
편저 알투스 편집부

펴낸이 손은주 **편집주간** 이선화 **마케팅** 권순민
경영자문 권미숙 **디자인** Erin

주소 서울시 마포구 공덕동 404 풍림빌딩 424
문의전화 070-8835-1021(편집) **주문전화** 02-394-1027(마케팅)
팩스 02-394-1023
이메일 bookaltus@hanmail.net

발행처 (주) 도서출판 알투스
출판신고 2011년 10월 19일 제25100-2011-300호

ⓒ 알투스 편집부 2016
ISBN 979-11-86116-12-8   03100

이 도서의 국립중앙도서관 출판시 도서목록(CIP)은 서지정보유통지원시스템 홈페이지
(http://seoji.nl.go.kr)와 국가자료공동목록시스템(http://www.nl.go.kr/kolisnet)에서 이용하
실 수 있습니다(CIP제어번호: CIP2016026672).

심장이 쿵하는 철학자의 말

세계 대철학자 37인 원저
알투스 편집부 편저

알투스

철학자의 말보다 더 명료한 처방전은 없다

엄청 화가 날 때가 있었다. '어떻게 책임감 없이 이렇게 일을 해서 여러 사람에게 피해를 주는가?'라고 속으로 몇 번을 삼키면서, 폭발하기 일보 직전까지 갔다. 그때 아리스토텔레스의 글을 읽었다.

"누구든지 화낼 줄은 안다. 그건 쉬운 일이다. 그러나 적절한 대상에게 적절한 정도로, 적절한 때에, 적절한 목적으로, 적절한 방법으로 화를 내는 것은 모든 사람들이 할 수 있는 일이 아니며, 쉬운 일도 아니다."

그래 그거다. 나한테 필요한 말은 '무조건 참으라. 그럴 수도 있으니 이해하라'며 위로하거나, '원래 그런 사람이야. 무책임하고 철없고'라며 같이 맞장구치며 험담하는 그런 말이 아니다.

지금 하는 일을 계속 해야 하는 건지, 정말 때려치워야 하는 건 아닌지. 헤매일 때가 있었다. 그때 데카르트를 찾아보았다.

"나아가야 할 길을 모르겠거든 가능하면 한 방향으로 계속 나아가 보라. 어두운 숲 속을 빠져나오면 필시 어느 쪽이 올바른 길인지 알 수 있을 것이다."

그만두라고, 새 길을 찾으라고 충고하는 건 쉽다. 그러나 하던 일을 멈추는 것은 새 일을 시작하는 것보다 어렵다. 그런 말들은 남의 말일 뿐이다. 데카르트의 말처럼 어두운 숲 속을 빠져나오면 올바른 길을 알 수 있을 것이다.

늘 불평을 입에 달고 살던 때가 있었다. 왜 이렇게 되는 일이 없는지. 누구는 뭘 해도 척척 잘 풀리는데 내 인생은 왜 이렇게 어둡고 암울한가. 그때 앤드류 매튜스의 글을 발견했다.

"새벽에 일어나서 운동하고 공부하고 노력하는데도 인생에서 좋은 일이 일어나지 않는다고 말하는 사람을 본 적이 없다."

그후로 알게 되었다. 새벽의 냄새가 다르다는 것을. 운동화 끈 조여 매고 아침 공기 마시며 걷는 기분이 어떤 것인지를. 많은 것이 달라졌다.

수학도 경제학도 역사도 예술도 결국은 철학의 길에서 만난다. 수백 년 전 철학자의 말이 왜 오늘 이 순간 동시대 인물의 말처럼 공감을 느끼게 하는지, 어떤 멘토링보다 더 가슴에 와 닿는지, 때로는 심장이 '쿵'하며 다가오는지. 우리는 이 책의 책장을 넘기면서 깨닫게 된다.

2016년 11월
알투스 편집부

1 처음부터 길이었던 길은 없다

내 방식대로 살아가라 / 존 스튜어트 밀
누구든 하고 싶은 대로 할 자격이 있다 / 헨리 데이비드 소로
다 얻을 수도 없고, 다 잃을 일도 없다 / 랄프 왈도 에머슨
일단 시작부터 '시작'하라 / 프리드리히 니체
반성이나 관찰은 일단 경험하고 나서 하라 / 프리드리히 니체
처음부터 길이었던 길은 없다 / 루쉰
길이 없다고 생각하면 길은 없어진다 / 프리드리히 니체
단번에 성취할 수 있는 것은 없다 / 새뮤얼 스마일즈
가능하면 한 방향으로 계속 나아가보라 / 르네 데카르트

2 일을 위해 일을 해야 일이 된다

성공에 무관심해야 성공할 수 있다 / 빅터 프랭클
일하는 것만이 치료제가 된다 / 토머스 칼라일
일을 하지 않으면 만족도 없다 / 임마누엘 칸트
무슨 일이든 즐겁게 하라 / 프리드리히 니체
일을 해야만 열정을 가지게 된다 / 버트런드 러셀
절망 속에서도 계속 일을 하라 / 에드먼드 버크
새벽에 일어나서 운동하고 공부하라 / 앤드류 매튜스
알고 있던 것도 체계적으로 정리하라 / 루트비히 비트겐슈타인
시간을 어떻게 사용할까 생각하라 / 아르투어 쇼펜하우어

66-85

86-109

3

행동으로 옮겨야 문이 열린다

인정받는 데는 시간이 걸린다 / 아르투어 쇼펜하우어
모든 성장에는 성장통이 있다 / 프리드리히 니체
어떻게 행동할 것인가에 대한 규칙 / 르네 데카르트
어떻게 살 것인가에 대한 기준을 가져라 / 벤저민 프랭클린
앞으로 닥칠 난관을 걱정하며 겁먹지 마라 / 프리드리히 니체
사는 날까지 명랑하게 살아라 / 프리드리히 니체
오늘을 내일처럼 살아라 / 벤저민 프랭클린
할 수 없는 것이 아니라 하기 싫은 것이다 / 바뤼흐 스피노자

4

다르게 보는 것이 제대로 보는 것이다

공부를 할 때 규칙을 생각하라 / 르네 데카르트
낯선 것에 더 익숙하라 / 프리드리히 니체
강인한 사람은 다르게 본다 / 랄프 왈도 에머슨
글자나 말을 그림으로 바꾸어 이해해보라 / 알버트 아인슈타인
미리 결론 내리지 마라 / 알프레드 아들러
하던 대로 하지 말고 다양한 방법을 써라 / 발타자르 그라시안
논쟁은 할 만한 사람하고만 하라 / 아르투어 쇼펜하우어
그냥 스쳐 지나가는 것을 탐구하라 / 루트비히 비트겐슈타인
받아들여지지 않아도 진실이다 / 바뤼흐 스피노자
당연하지 않은 것을 제대로 보라 / 오스발트 슈펭글러

처음부터

길이었던

길은

없다

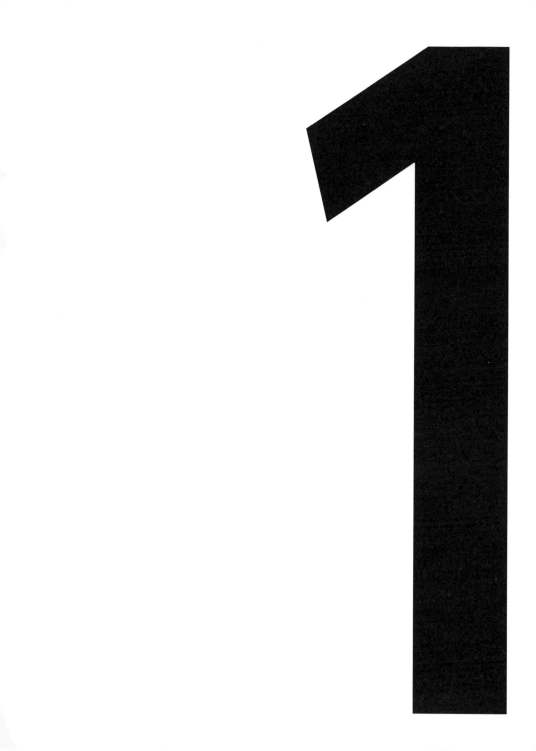

처음부터 길이었던 길은 없다

웬만한 정도의 상식과 경험이 있는 사람이라면
자기의 방식대로 삶을 이어나가는 것,
즉 '자기 방식'대로 살아가는 게 최상이다.

내 방식대로 살아가라

그 방식 자체가 최상이라는 뜻이 아니라
'자기 방식'대로 살아갈 수 있다면,
그것이 가장 바람직하다는 의미이다.

존 스튜어트 밀 (John Stuart Mill, 1806~1873)

　　존 스튜어트 밀의 대표 저서는 『자유론』이다. 밀이 주장한 진정한 자유란 '우리가 타인의 행복을 빼앗지 않는 이상, 또는 행복해지고자 하는 타인의 노력을 방해하려고 하지 않는 한, 자기 자신의 행복을 자신의 뜻대로 추구하는 자유'이다.

　　즉 우리 사회에서 보편적으로 받아들여지고 있는 주장이나 관습에 따르지 않는다고 해서 그것을 비판할 자격은 누구에게도 없다는 것이다.

　　밀의 주장들은 자유민주주의 사회에서 가장 기본적인 정치원리로 자리 잡았고, 표현의 자유는 시민의 기본권으로 포괄적으로 인정되고 있다.

　　그의 말처럼 우리에게는 각자 '우리가 생각하는 방식대로 살아갈 자유'가 있다.

누구든 하고 싶은 대로
할 자격이 있다

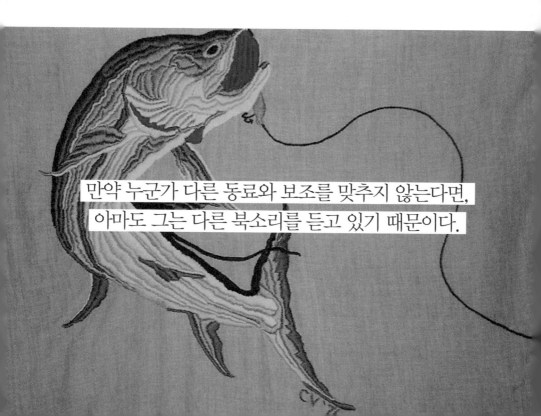

만약 누군가 다른 동료와 보조를 맞추지 않는다면,
아마도 그는 다른 북소리를 듣고 있기 때문이다.

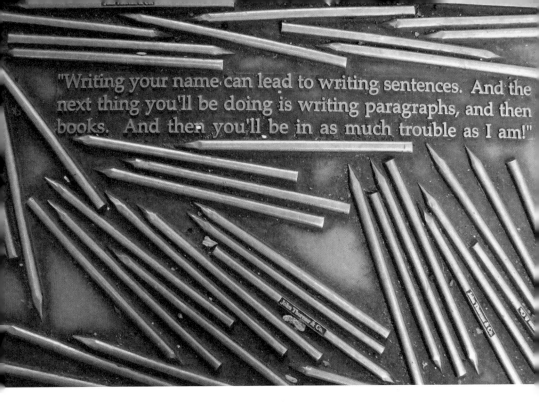

"Writing your name can lead to writing sentences. And the next thing you'll be doing is writing paragraphs, and then books. And then you'll be in as much trouble as I am!"

그가 듣는 음악에 발걸음을 맞추도록 그냥 두자.
그 음악이 어떠하든, 아무리 멀리 있든.

헨리 데이비드 소로(Henry David Thoreau, 1817~1862)

헨리 데이비드 소로는 하버드대학 졸업 후 부와 명예를 좇는 대신 다른 삶을 선택했다. 집안의 사업이었던 연필공장을 맡아서 운영하기도 했고, 교사, 측량기사 등 다양한 직업을 가지면서 계속 공부하며 글을 썼다.

그는 '월든(Walden)'이라는 작은 호수가 있는 마을에 오두막을 지었다. 그곳에서 혼자 2년 넘게 자급자족의 삶을 살면서 『월든』을 완성했다. 이 걸작은 훗날 시대의 작가들에게 큰 영향을 미쳤다.

욕심과 관습에 얽매인 사회에 항거하는 의미로 자연과 진실에 관해 글을 쓰며, 사회부조리에 항거하는 실험 같은 삶을 이어간 헨리 데이비드 소로. 그는 숲속 오두막에 살면서, 인두세(군사비로 쓰이는 세금)를 거부하고, 노예해방운동에도 헌신한 초월주의 철학자이자 문학가였다.

또한 모두들 같은 목소리를 내고 그것에만 반응할 때 혼자 진실의 소리를 듣기 위해 용기를 냈으며, 사회의 통념과 싸우며 자유롭게 사는 삶의 가치를 지킨 혁명가이기도 했다.

다 얻을 수도 없고,
다 잃을 일도 없다

당신이 무엇을 잃었든,
그 대신 당신은 어떤 것을 얻었다.

당신이 무엇을 얻든,
그 대신 당신은 어떤 것을 잃는다.

랄프 왈도 에머슨(Ralph Waldo Emerson, 1803~1882)

RALPH WALDO EMERSON

랄프 왈도 에머슨은 미국의 철학자이자 시인으로, 세속의 삶을 멀리하며 자연 속에서 사색을 쌓은 '문학적 철인'으로 추앙받았다. 헨리 데이비드 소로와도 오랜 기간 우정을 쌓으며 생의 가치를 공유했다.

하버드 대학생 시절 그가 썼던 일기는 미국에서 가장 주목할 만한 '정신의 발전'을 담은 기록이라는 평가를 받았다. 그는 개인은 자기 자신이 되려는 용기를 지녀야 하며, 자신의 직관으로부터 나온 가르침에 따라 살아가면서 자기 내적인 힘을 신뢰해야 한다고 했다.

무엇을 잃는 대신 얻는 것이 있을 것이며, 무엇을 얻는 대신 잃는 것이 있을 것이라는 그의 말처럼 성공도 실패도 결국은 자기 내적인 힘에서 비롯되는 것이다.

어떤 일이든 시작은 위험하지만,
어떤 일이든 시작하지 않으면,
아무 것도 시작되지 않는다.

프리드리히 니체(Friedrich Wilhelm Nietzsche, 1844~1900)

일단 시작부터 '시작'하라

독일의 철학자 니체는 '신의 죽음'을 고한 '전복(顚覆)의 철학자'다. 그는 기독교 사상에 대한 비판, 영원회귀, 권력에의 의지 등을 통해 20세기 철학사상에 지대한 영향을 미쳤다. '망치를 든 철학자'로 불린 니체는 서구의 오랜 전통을 깨고 새로운 가치를 세우고자 했다. 현대철학의 시작은 니체로부터라고 해도 과언이 아니다.

새로운 길을 가는 것은 출발부터 위험한 요소들이 많지만, 무언가를 이루기 위해서는 일단 시작하지 않으면 안 된다는 니체의 말을 새겨들을 필요가 있다.

반 성 이 나 관 찰 은
일단 경험하고 나서 하라

여러 가지 면에서 다양한 경험이 사람을 현명하게 만든다.

살면서 경험하는 모든 일들이 유익한 것은 아니지만,
무엇인가 경험하고 있을 때에는 완전히 몰입해야 한다.

중도에 하고 있는 일을 관찰하고 분석하는 태도는 옳지 않다.
그러면 전체를 충분히 차분하게 집중할 수 없다.

반성이나 관찰은 그 다음의 것으로,
그때야 비로소 새로운 지혜가 만들어지는 것이다.

프리드리히 니체(Friedrich Wilhelm Nietzsche, 1844~1900)

니체는 최고의 삶이란 '자신의 일에 온 힘을 쏟아 최대한 능력을 발휘하는 것'이라고 정의 내렸다. 어떤 일에 철저히 몰두한 적이 있는 사람은 그 순간의 시간감각까지 기억한다고 한다.

'자신을 풍요롭게 해줄 누군가를 찾지 말고, 스스로 풍요한 사람이 되도록 노력하라'는 니체의 조언처럼 자기 일에 몰입하고 새로운 지혜를 만드는 삶이야말로 최고의 삶을 사는 길이다.

처음부터
길이었던 길은
없다

희망이란
본래 있다고도 할 수 없고, 없다고도 할 수 없다.
그것은 마치 땅 위의 길과 같은 것이다.

본래 땅 위에는 길이 없었다.
걸어가는 사람이 많아지면
그것이 곧 길이 되는 것이다.

루쉰(魯迅, 1881~ 1936)

루쉰은 『아큐정전(阿Q正傳)』 등을 쓴 중국의 문학가 겸 사상가다. 봉건적인 중국사회와 유교적 도덕관을 비판했던 중국 근대문학의 개척자가 바로 루쉰이다. 그는 병든 사회 속에서 불행한 삶을 사는 이들로부터 글의 소재를 찾아냈으며, 고통 속에서 몸부림치는 이들을 치유해야 할 당위성을 각인시키는 소설들을 썼다.

문학 속에서 스스로의 길을 만들어가며 혁명가로 살았던 그의 삶은, '사람은 누구나 자신만의 길을 만들어나갈 수 있다'는 희망과 용기를 건네주고 있다.

길이 없다고 생각하면
길은 없어진다

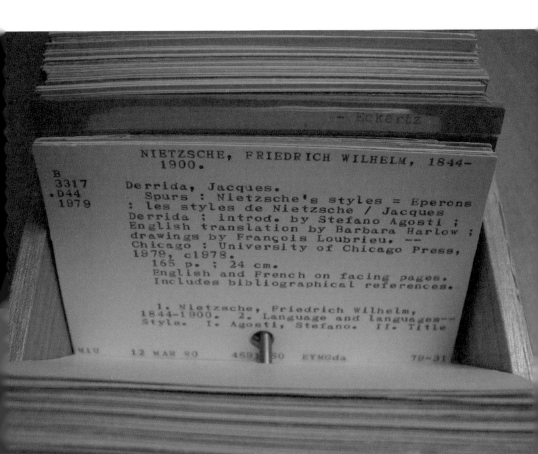

'더 이상 나아갈 길이 없다'고 생각하면
개척으로 향한 길이 있더라도 갑자기 시야에서 사라진다.

'위험하다'고 생각하면
안전한 곳은 사라진다.

'이것으로 끝'이라고 믿으면
종말의 입구로 발을 내딛게 된다.

'어떻게 할까'라고 생각하면
불현듯 최선의 대처법을 찾을 수 없게 된다.

두려워하면 파멸하고 만다.

프리드리히 니체(Friedrich Wilhelm Nietzsche, 1844~1900)

　　니체는 "신은 죽었다."라고 선언하며, 신은 인간에 의해 창조된 허상이라고 믿었다. 또한 인간은 허무를 극복하고 새로운 가치를 만들어나가며, 자기 자신의 주인이 됨으로써 새로운 세계를 만들 능력이 충분하다는 주장을 펼쳤다. "자신에게 명령하지 못하는 자는 남의 명령을 들을 수밖에 없다."고 했던 니체. 그는 '대지 위의 삶'을 강조했고, 당시의 종교적인 이분법에 반대하며 현실에서의 삶에 충실해야 한다고 했다.

단번에 성취할 수
있는 것은 없다

최상의 진보는 늦은 속도로 진행된다.

위대한 업적은 단번에 성취할 수 있는 것이 아니다.

인생행로를 한 발 한 발 걸어가며

발전하는 자신의 모습에 만족해야 한다.

새무얼 스마일즈는 정치개혁가, 도덕주의자, 의사로도 활동했다. 영국 근대화에 기여한 인물로 진정한 개혁은 사회개혁이 아니라, 사람개혁임을 깨닫고 '자조'의 정신을 설파했다. "성공보다 실패에서 더 많은 지혜를 배운다. 한 번도 실패한 경험이 없는 사람은 한 번도 발견한 일이 없는 것이다."라고 했던 스마일즈.

그는 조급해하지 말고 천천히 발전해나가는 삶을 살아야 한다고 강조했다. 그의 대표 저서인 『자조론』은 '스스로 돕는다'는 뜻 그대로 한 걸음씩 나아가면 위대한 성취를 할 수 있다는 내용이다. 단번에 이룰 수 있는 진보는 없다. 근면함과 인내만이 우리를 목적지에 도달하게 한다.

가능하면 한 방향으로
계속 나아가보라

나아가야 할 길을 모르겠거든
가능하면 한 방향으로 계속 나아가보라.
어두운 숲 속을 빠져나오면 필시
어느 쪽이 올바른 길인지 알 수 있을 것이다.

르네 데카르트(René Descartes, 1596~1650)

"나는 생각한다. 고로 존재한다."라는 명제를 남긴 르네 데카르트. 그는 계몽사상의 자율적이고 합리적인 주체의식을 주장한 프랑스의 철학자이자 수학자였다. 체계적인 의심을 통해 사물의 진리에 도달할 수 있다고 주장했다.

그는 "비록 천천히 걷더라도 곧은길로 걷는다면 휘어진 길을 열심히 달리는 사람보다 앞설 수 있다."라고 하면서 현재의 상황에 휘둘리며 갈팡질팡하기보다 생각해온 바대로 계속 정진하라고 강조했다. 그러다보면 올바른 길을 찾아 나갈 수 있다는 것이다. 그의 철학적 고견은 불확실한 시대를 사는 현대인들에게 나침반이 되어주고 있다.

일을 위해
일을 해야
일이 된다

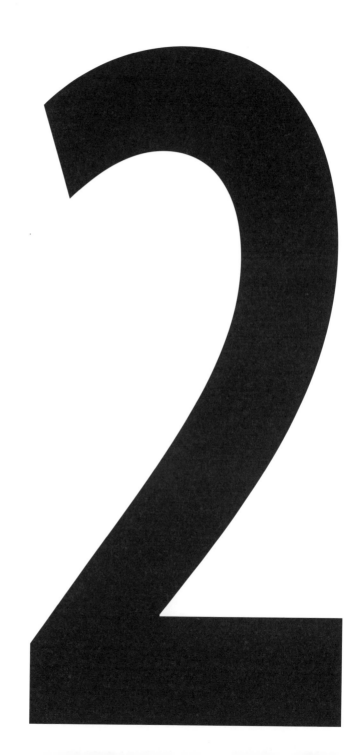

일을 위해 일을 해야 일이 된다

성공에 무관심해야 성공할 수 있다

성공을 목표로 삼지 마라.
성공을 목표로 삼아 겨냥할수록 당신은 그것을 점점 놓치게 될 것이다.

행복과 마찬가지로 성공은 추구해서 가질 수 있는 것이 아니다.

그것은 오직 자기 자신보다 더 큰 대의에 전념하였을 때
의도되지 않은 부차적 결과로 나타나는 것이다.

행복은 찾아올 것이며, 성공도 거머쥘 수 있다.
성공에 무관심함으로써 성공할 수 있게 해야 한다.

빅터 프랭클(Viktor Frankl, 1905~1997)

오스트리아의 정신의학자인 빅터 프랭클은 심리학을 기반으로 철학적 사유, 경험에 의한 통찰을 더한 '로고테라피 이론'으로 명성을 얻었다. 유대인인 그는 아우슈비츠 수용소에 끌려가 갖은 고통을 겪으면서도 자신이 경험한 처절한 고통의 시간을 심리학적 치료의 원리를 깨치는 계기로 삼았다. 수용소에서도 원고를 썼고, 자신만이 할 수 있는 일을 해나가는 것을 삶의 원칙으로 삼았다.

　　그는 유년기의 경험을 중시했던 프로이드와 달리 무의식이나 자아에 머무르지 않고, 미래를 지향해야 스스로 삶의 의미를 찾아낼 수 있음을 몸소 보여주었다.

일하는 것만이 치료제가 된다

일은
인간을 괴롭혀온 모든 병폐와 비참함을 막아주는
위대한 치료제다.

토머스 칼라일(Thomas Carlyle, 1795~1881)

영국의 비평가이자 역사가인 칼라일의 대표 저서는 『프랑스혁명』으로, 이 책과 얽힌 유명한 일화가 하나 있다. 칼라일은 모든 인연을 끊다시피하면서 4년간 이 책의 집필에 매달렸고, 탈고 후 친구에게 검토를 부탁했다. 그러나 친구의 집에서 이 원고는 불타버렸고, 그는 크게 좌절한 나머지 한동안 폐인으로 지냈다. 그러던 어느 날 그는 벽돌 쌓는 일을 하는 인부들이 기껏 쌓아올린 담장에서 허점이 발견되자, 개의치 않고 무너뜨린 후 다시 한 장 한 장 쌓아가는 모습을 보고 큰 깨달음을 얻었다. 그는 '프랑스혁명'의 원고를 다시 쓰기 시작했고, 초고보다 더 훌륭한 원고를 완성했다.

"길을 가다가 돌을 만나면 약자는 걸림돌이라고 하고, 강자는 디딤돌이라고 한다."는 칼라일의 말처럼 좌절의 순간을 어떻게 극복하느냐가 인생의 향방을 좌우한다. 힘들 때일수록 초심으로 돌아가 주어진 일에 매진하는 것이 불운을 극복하는 가장 현명한 방법이다.

Kant

일을 하지 않으면 만족도 없다

일은 사람에게 즐거움을 준다.

긴장감 속에서도 즐거움을 찾을 수 있다.

그러나 일을 하지 않는 사람은 항상

고민하고, 쾌락에 빠지고, 에너지를 소모해 버리기 때문에

힘이 나지도 않고, 만족하는 법도 없게 된다.

임마누엘 칸트(Immanuel Kant, 1724~1804)

'지식을 통한 인간의 해방'을 가르친 대철학자 칸트. 그는 행복한 삶을 위한 조건으로 '어떤 일에 몰두할 것, 어떤 사람을 사랑할 것, 어떤 꿈을 가질 것' 이 세 가지를 꼽았다. 그 중에서도 특히 일에 몰두해야만 즐겁게 살 수 있음을 강조했다.

칸트는 경건주의에 충실한 가정에서 자란 사람답게 규칙적인 생활로 자신을 지켜가면서 연구에 정진해나갔다. 삶의 균형을 유지하며 하루에 할 일을 세부적인 규칙을 나누어 정한 뒤 실천했다. 그는 '일' 자체에서 즐거움을 느끼는 삶을 살았기에 철학사에 길이 남을 역작들을 집필할 수 있었다.

Immanuel Kant

Kritik der reinen Vernunft

11. Auflage

무슨 일이든 즐겁게 하라

무슨 일이든 즐겁게 하라

무슨 일이든 즐겁게 하라

니체는 역사란 '도서관에 꽂혀 있는 낡은 책이 아니라, 매일매일의 삶이다' 라고 했다. 두려워하지 말고 차분하게, 열심히 용감하게 도전하고, 어제보다 더 나은 방법으로 오늘 새로운 시도를 하라고 조언했다. 그렇게 하루하루 살 아가다보면 불필요한 것들은 저절로 떨어져나가고 중요한 요소들만 자신에 게 남게 되기 때문이다.

인생은 그리 길지 않다.

어스름해질 무렵 죽음이 찾아와도 전혀 이상할 것이 없다.

때문에 우리가 무엇인가를 시작할 기회는 늘 지금 이 순간밖에 없다.

그리고 이 한정된 시간 속에서 무언가를 하는 이상,

불필요한 것들을 벗어나 말끔히 털어버리지 않으면 안 된다.

그러나 무엇을 버릴 것인가에 대하여 고민할 필요는 없다.

마치 노랗게 변한 잎이 나무에서 떨어져 사라지듯이,

당신이 열심히 행동하는 동안 불필요한 것은

저절로 멀어지기 때문이다.

그렇게 우리의 몸은 더욱 가벼워지고

목표한 높은 곳으로 한 걸음 더 나아간다.

프리드리히 니체(Friedrich Wilhelm Nietzsche, 1844~1900)

EVERYTHING IS VAGUE TO A DEGREE YOU DO NOT REALISE UNTIL YOU HAVE ATTEMPTED TO MAKE IT PRECISE

Bertrand Russell

일을 해야만
열정을 가지게 된다

권태의 예방책으로 가장 적절하고, 바람직한 것은 '일'이다.
재미는 없지만 꼭 필요한 일을 하는 동안에 느끼는 권태는
하는 일도 없이 허송세월하는 사람이 느끼는 권태에 비하면 아무것도 아니다.
—

원기를 잃을 정도로 지나치게 힘든 일을 하는 경우가 아니라면,
일을 하는 사람은 아무 일도 하지 않는 사람에 비해서
자유 시간에 대해 더 많은 열정을 가지게 마련이다.

버트런드 러셀(Bertrand Russell, 1872~1970)

러셀은 노벨문학상을 수상한 20세기의 대표적인 천재이자 지성인이다. 그는 "나는 마지막 순간까지 일을 하다가 죽었으면 좋겠다. 내가 더 이상 할 수 없는 일들을 다른 이들이 계속 수행하리란 걸 의식하면서, 그리고 내 인생에서 가능했던 모든 것이 이루어졌다는 생각 속에서 만족감을 느끼며 죽어가고 싶다."고 말했다.

그는 일은 행복의 원인으로 볼 수도 있고 불행의 원인으로 볼 수도 있지만, 그 자체로 흥미 있는 것이 아니더라도 커다란 이점이 있다고 했다. 그 누구보다 왕성하게 활동한 러셀은 다양한 분야를 연구하며 강의와 저술활동을 했다. 철학·수학·과학·역사·교육·윤리학·사회학·정치학 등의 분야에서 약 40권의 저서를 남겼다.

절망 속에서도
계속 일을 하라

절망하지 마라.

그러나 만약 절망하더라도

절망 속에서 계속 일을 하라.

에드먼드 버크(Edmund Burke, 1729~1797)

NEVER DESPAIR; BUT IF YOU DO, WORK ON IN DESPAIR.

EDMUND BURKE

영국 보수주의의 대표적인 정치철학가였던 에드먼드 버크는 정치적 권력 남용에 반대하면서 시민의 행복과 정의를 지켜내는 정치제도를 주장했다. 시민의 행복과 관련한 그의 주옥같은 명언들은 현대인들에게 많은 귀감이 되고 있다.

그는 '두려움은 사람에게서 생각하고 행동하는 힘을 가장 많이 효과적으로 뺏어가는 감정'이라고 정의하면서, 인생에서 가장 큰 실수는 미리 겁먹고 시도하지 않는 것이라고 했다. 즉 어떤 어려움 속에서도 계속 자신의 일을 해나가야 한다는 것이다.

새벽에 일어나서
운동하고 공부하라

누군가 해야 할 일이면 내가 하고
내가 해야 할 일이면 최선을 다하고
어차피 해야 할 일이면 기쁘게 하고
언젠가 해야 할 일이면 바로 지금 하라.

새벽에 일어나서 운동하고 공부하고 노력하는데도
인생에서 좋은 일이 일어나지 않는다고
말하는 사람을 본 적이 없다.

앤드류 매튜스(Andrew Matthews, 1958~)

앤드류 매튜스는 '행복을 그리는 철학자'로 불리는 동기부여 작가이다. 호주에서 농부의 아들로 태어나 법학을 공부했고, 미국에서 카툰을 그렸다. 대중연설가로 활동 중이며 세계인들에게 긍정멘토로도 활약하고 있다.

그는 "자신이 좋아하는 일을 하는 것이 행복의 비결이 아니라, 자신이 하는 일을 좋아하는 것이 행복의 비결이다."라고 말한다. 어떤 목표도 좌절과 방해를 겪지 않고 이루어지는 법은 없으므로, 자신이 목표한 길로 나아가라고 조언하고 있다.

알고 있던 것도 체계적으로 정리하라

How do we love?

How does one live?

Who am I?

What is happines

What does it all mean?

What am I doing here?

Author's note: I guess not all playgrounds are much fun.

What is good?

Am I good?

문제를 해결하는 힘은
새로운 정보를 얻는 데서 오는 것이 아니라
이미 오래전부터 알고 있던 것을
체계적으로 정리하는 데서 온다.

루트비히 비트겐슈타인(Ludwig Josef Johann Wittgenstein, 1889~1951)

20세기에 가장 큰 영향을 미친 철학자로 꼽히는 영국의 철학자 비트겐슈타인. 그는 탁월한 음악적 재능을 가졌으며, 수학과 자연과학 분야에서도 뛰어났고, 공학도이기도 했던 다방면의 천재였다. 막대한 유산을 물려받았지만 전부 포기했고, 수도원의 정원관리사로 일하기도 했다.

논리학과 언어철학에 관해 독창적인 사유체계를 제시했던 비트겐슈타인은 "철학의 복잡성은 주제의 복잡성이 아니라 우리가 매듭지어 놓은 앎의 복잡성이다."라고 말했다. 그는 모든 개념 연구에서 인간의 매듭지어진 앎을 '풀어내는 말'을 찾는 데 집중하면서, 기존에 알고 있던 지식과 정보를 체계적으로 정리하고 이해하는 것을 중요시했다.

시간을 어떻게 사용할까 생각하라

평범한 사람은 시간을 어떻게 보낼까 생각하지만
재능 있는 사람은 시간을 어떻게 사용할까 노력한다.

아르투어 쇼펜하우어(Artur Schopenhauer, 1788~1860)

EVERY NATION
RIDICULES OTHER
NATIONS AND
ALL ARE RIGHT

ARTHUR SCHOPENHAUER

   '염세주의 철학자'로 불리는 쇼펜하우어는 인생 후반기에는 칸트의 삶을 모범으로 삼으며 금욕적인 생활을 실천했다. 사교의 번거로움과 낭비를 피하고 고독을 즐기면서 더 가치 있는 일을 찾는 데 몰두했다. 그는 "무관심은 관대함의 원천이 될 수 있고, 그것은 고독 속에서 나온다."고 하면서 "더 많은 시간을 온전히 꼭 필요한 일에 쓸 수 있도록 하라."고 당부했다.

   시간에 대한 관점을 새롭게 갖게 하는 쇼펜하우어의 이 말은 그저 흘러가는 시간이 아니라 특별한 의미를 부여하는 절대적 시간의 의미를 되새기게 한다.

행동으로 옮겨야

문이

열린다

행동으로 옮겨야 문이 열린다

인정받는 데는 시간이 걸린다

모든 진리는 인정받기까지 세 단계를 거친다.

처음엔 조롱거리가 되고,
그 다음에는 반대에 부딪치다가,
결국엔 확실한 것으로 인식된다.

아르투어 쇼펜하우어(Arthur Schopenhauer, 1788~1860)

쇼펜하우어는 인간에게는 '의지'가 가장 중요하다고 주장하면서 동시대 철학자 중에서 가장 주목받고 있던 헤겔의 관념론을 정면 비판했다. 절대정신과 역사의 진보를 믿었던 헤겔과 달리 그는 삶이란 생의 맹목적인 의지일 뿐이라고 주장한 것이다.

쇼펜하우어는 헤겔을 비롯한 학계로부터 무시당했으나, 19세기 후반부터 가장 영향력 있는 철학자로 떠올랐다. 당시 쇼펜하우어는 친구도 수강생도 없이 고립된 생활을 했다. 하지만 후대에는 인정받을 것이라 믿고 자신의 연구를 계속해나갔다. 그는 자신의 전 생애를 통해 '모든 위대한 업적은 인정받는 데 시간이 걸리고, 힘든 과정을 거쳐야 한다'는 사실을 입증해 보였다.

대문호 톨스토이도 쇼펜하우어에게서 많은 영향을 받은 것으로 알려져 있다. 그는 자신의 집에 쇼펜하우어의 초상화를 둘 정도로 쇼펜하우어의 철학과 사상에 심취해 있었다.

모든 성장에는 성장통이 있다

거친 바람과 악천후가 없었다면
하늘에 닿을 듯 키 큰 나무가 그렇게 성장할 수 있었을까?
인생에는 거친 폭우와 강렬한 햇빛, 태풍과 천둥처럼
온갖 악과 독이 있다.
그런 것들이 가급적이면 없는 게 낫다고 말할 수 있을까?
탐욕, 폭력, 증오, 질투, 아집, 불신, 냉대 등
모든 악조건과 장애물들……
이러한 악과 독이 존재하기에 우리는 그것들을 극복할
기회와 힘을 얻고, 용기를 내어 세상을 살아갈 수 있도록
강하게 단련되는 것이다.

프리드리히 니체(Friedrich Wilhelm Nietzsche, 1844~1900)

니체는 특히, '고독한 자의 용기'에 대해 말했다. 고통스러운 현실에서 벗어나기 위해서는 남들이 시도하지 않고, 위험이 따르는 일에도 용기를 내서 과감히 행동해야 한다고 주장했다. 이처럼 '강한 나'로 변신하기 위해서는 "과거의 나에 집착하지 말고, 과거의 나를 과감히 버리라."고 조언했다.

그는 자신을 둘러싼 모든 악조건이나 장애물들을 무시해버리는 것, 강하게 스스로를 단련시키는 것이야말로 진정한 용기라고 말했다.

어떻게 행동할 것인가에 대한 규칙

사회인의 태도에 대한 네 가지 원칙
르네 데카르트(René Descartes, 1596~1650)

1. 가장 보편적인 가치에 복종하고 온건하며 신앙을 굳건히 하고, 극단적인 의견의 편에 서지 마라.

2. 행동을 취할 때에는 의연하고 명확한 태도를 취하라. 의심스러운 결정이었다 하더라도 일단 결정을 내린 다음에는, 확신을 갖고 그것에 따르라.

3. 주어진 운명을 따르기보다 자신의 한계를 극복하기 위해 노력하며, 세상을 바꾸려는 노력 이전에 자신의 잘못된 욕망을 다스리는 데 주력하라.

4. 위 세 가지를 실천하는 바탕 위에서 직업을 선택하라.

근대철학의 아버지인 데카르트는 인식론을 개척했다. 이후 인식론은 독일 관념론을 거쳐 다시 현상학으로 이어지며 근대철학의 주요 부분으로 자리 잡았다. 그는 항상 '나'라는 존재의 정체부터 스스로 확실히 밝혀야 한다고 주장했다. 이러한 인식론을 바탕으로 사회인의 태도에 대한 데카르트의 정의는 어느 시대에나, 어떤 일을 하는 사람에게나 적용할 수 있는 가장 명료한 삶의 방법이다.

어떻게 살 것인가에 대한 기준을 가져라

벤저민 프랭클린(Benjamin Franklin, 1706~1790)

　벤저민 프랭클린은 미국 건국의 아버지로 불린다. 경제학자이자 정치가, 과학자이기도 했던 그가 미국에 미친 영향은 워싱턴과 링컨을 넘어선다. 마르크스는 그를 훌륭한 경제학자로 존경했고, 데이비드 흄은 그를 '신세계 최초의 철학자이자 문필가'로 꼽았다.

　프랭클린은 가난했던 어린 시절, 독학으로 공부하며 수첩에 인생지침을 적어 다니며 실천에 옮겼다. 자신이 만든 삶의 덕목대로 살아가면서 수많은 업적을 만들어냈다. 그가 죽은 후, 그의 수첩에서 발견된 '13덕목'은 후대인들에게도 훌륭한 삶의 기준이 되고 있다.

1. 절제: 머리가 둔해질 만큼 먹지 말 것. 취해서 마음이 들뜰 만큼 술을 마시지 말 것.
2. 침묵: 타인 혹은 자신에게 이익이 되지 않을 말은 하지 말 것.
    의미 없는 말은 피할 것.
3. 질서: 자신의 소지품은 모두 자리를 정해놓을 것.
    자신의 일은 모두 시간을 정해놓고 할 것.
4. 결단: 해야 할 일을 실행할 결심을 할 것. 결심한 것은 반드시 실행할 것.
5. 절약: 타인 혹은 자신을 위한 일이 되지 않을 용도에는 돈을 쓰지 말 것.
    의미 없는 소비를 하지 말 것.
6. 근면: 시간을 허비하지 말 것. 늘 유익한 일에 종사할 것.
    필요없는 행위는 모두 잘라낼 것.
7. 진실: 책략을 꾸며서 타인에게 상처 입히지 말 것.
    악의를 품지 않고 공정한 판단을 내릴 것. 발언할 때에도 마찬가지임.
8. 정의: 타인의 이익을 해치거나 주어야 할 것을 주지 않아 손해를 입히지 말 것.
9. 중용: 양극단을 피할 것. 만약 크게 화를 낼 수밖에 없는 모욕을 받았다 하더라도
    한 걸음 앞에서 참고 화를 다스릴 것.
10. 청결: 신체, 의복, 주거의 불결함을 묵인하지 말 것.
11. 평정: 작은 일, 즉 일상다반사나 피할 수 없는 일들 때문에 마음을 흐트러뜨리지
    말 것.
12. 순결: 성관계는 건강 또는 자손을 위해서만 맺고, 결코 그에 몰두한 나머지 두뇌
    회전을 둔하게 만들거나 건강을 해치고, 자신 및 타인의 평화로운 생활과
    믿음을 깨뜨리지 말 것.
13. 겸손: 그리스도와 소크라테스를 본받을 것.

앞으로 닥칠 난관을
걱정하며 겁먹지 마라

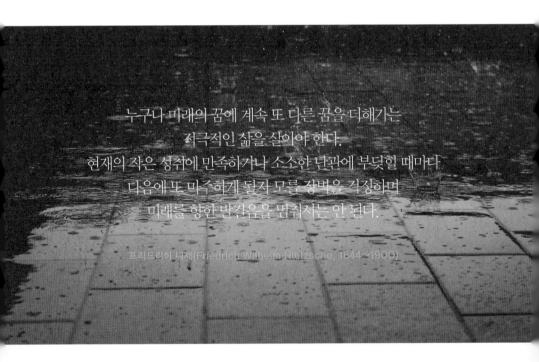

누구나 미래의 꿈에 계속 또 다른 꿈을 더해가는
적극적인 삶을 살아야 한다.
현재의 작은 성취에 만족하거나 소소한 난관에 부딪힐 때마다
다음에 또 마주하게 될지 모를 장벽을 걱정하며
미래를 향한 발걸음을 멈춰서는 안 된다.

프리드리히 니체(Friedrich Wilhelm Nietzsche, 1844~1900)

　니체는 여러 분야의 지식인들로부터 비판과 모욕을 받았지만, 절대 자신의
생각을 굽히지 않고 옳다고 생각하는 방향으로 정진했다. 그의 논리는 오랜
세월 그리스도교에 의해 수립된 견고한 사상체계를 뒤흔들 정도로 당시에는
충격적이었다. 하지만 그는 끊임없이 앞을 향해 나아갔고, 결국 최고의 현대
사상가로 인정받게 되었다.

사는 날까지 명랑하게 살아라

죽는 것은 이미 정해진 일이기에 명랑하게 살아라.

언젠가는 끝날 것이기에 온 힘을 다해 맞서라.

시간은 한정되어 있기에 기회는 늘 지금이다.

울부짖는 일 따윈 오페라 가수에게나 맡겨라.

프리드리히 니체(Friedrich Wilhelm Nietzsche, 1844~1900)

니체에게 중요한 것은 인간이 자신의 능력을 더 우월하고 고귀하게 끌어올리는 일이었다. 삶의 문제는 기쁨에 대한 것이라고 규정하며, 즐겁게 철학을 풀어냈다. 그는 자신의 자서전에서 '견디기 어려운 진실 속에서도 명랑함을 잃지 않는 것'에 대해 이야기했다. 어떤 고통을 치르고서라도 진리를 추구하기보다는 가볍고 자유로운 정신을 추구하고자 했다.

　그는 '지금 이 생을 똑같이 다시 살아도 좋다고 느낄 정도'로 기쁘고 긍정적으로 살아야 한다고 말했다. 기회는 늘 지금에 있고, 명랑하게 상황을 바라보고 삶을 사랑한다면 원하는 삶을 살 수 있을 것이라고 조언했다.

오늘을 내일처럼
살아라

'오늘' 안에 해야 한다.

내일이 되면 어떤 방해가 생길지 알 수 없는 일이다.

오늘 하루는 두 번의 내일과도 같다.

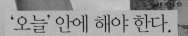

벤자민 프랭클린(Benjamin Franklin, 1706~1790)

벤저민 프랭클린은 '근면'에 관한 가르침으로 유명하다. 조그만 수첩을 만들어 매일 저녁에 그날 하루의 행동을 생각하고 반성하며 계획을 세우며 살았다. 그의 자서전에는 "끊임없이 떨어지는 물방울이 돌을 뚫으며, 근면함과 인내심으로 생쥐는 밧줄을 갉아 두 동강 낸다."라고 씌여 있다. 심지어 "우리는 언젠가 묘지에서 충분히 편하게 잠잘 수 있다."라고 하면서 잠을 줄이고 시간을 아껴쓰라고도 강조했다. 특히 내일 어떤 일이 일어날지 알 수 없으므로 오늘의 하루를 내일을 두 번 맞이하는 것처럼 쓰고, 오늘 일을 내일로 미루지 말라고 조언하고 있다.

할 수 없는 것이 아니라 하기 싫은 것이다

BENEDICTUS DE SPINOZA,
IUDÆUS ET ATHEISTA.
Natus Amstelod. MDCXXXII. D. 24. Nov.
Denatus Hagæ Com. MDCLXXVII. D. 21. Febr.

자신이 할 수 없다고 생각하고 있는 동안은

그것은 하기 싫다고 다짐하고 있는 것이다.

그러므로 그것은 실행되지 않는 것이다.

바뤼흐 스피노자 (Baruch de Spinoza, 1632~1677)

17세기 유럽의 합리주의 철학자인 스피노자는 '최고의 행복, 진정한 자유와 해방'을 철학적으로 추구했다. "내일 지구의 종말이 올지라도 나는 한 그루의 사과나무를 심겠다."는 그의 말은 널리 알려져 있다.

성서에 대해 의문을 제기하고 종교계와 다른 해석을 함으로써 유대교에서 파문당해 고독한 삶을 살게 되었으나 자신의 소신을 굽히지 않았다. 렌즈를 만드는 광학기술자로 생계를 연명해나갈 수밖에 없었고, 그의 책은 금서가 되었다. 그러나 자신의 자유로운 철학을 추구해 나가면서 "진리는 인내와 시간에 따라 저절로 밝혀진다."고 주장하며 갖은 고난에도 철학적 연구를 계속해나갔다.

다르게
보는 것이

제대로
보는 것이다

다르게 보는 것이 제대로 보는 것이다

공부를 할 때 규칙을 생각하라

학문에 대한 네 가지 규칙 르네 데카르트(René Descartes, 1596~1650)

(1) 나 스스로 확실하게 '참'이라고 인정한 것 외에는 어떤 것도 '참'이라고 받아들이지 마라.

(2) 모든 문제를 큰 덩어리로만 바라보지 말고 가능한 한 작게 세분해서 보라.

(3) 가장 단순하고 이해하기 쉬운 대상에서 점차 단계를 높여 복잡하고 난해한 문제에 접근하라.

(4) 어떤 항목도 빠지지 않았다는 확신이 들 때까지 모든 항목을 나열하고, 그것에 대해 광범위하게 다시 검토하라.

　평생을 학문에 매진했던 데카르트는 수학, 기하학, 철학, 물리학에 이어 해부학까지 폭넓게 연구하면서 분석적으로 탐구했다. 완전하게 신뢰할 수 있는 지식을 얻으려면, 그 대상이 무엇이라도 학문에 대한 '네 가지 규칙'을 지키며 탐구해나가야 한다고 말했다.

　모든 것에 의문을 가지고 작게 세분해서 쉬운 것부터 연구 대상으로 삼아 점차 깊은 단계로 나아가고, 다시 광범위하게 재검토하는 학문 연구의 방법은 오늘날 어떤 분야의 공부법에도 적용될 수 있는 깨달음의 방식이다.

낯선 것에 더 익숙하라

우리는 익숙한 것에 대해서만 선의를 가지기 쉽다. 그러나 새롭고 낯선 것에 익숙해지기 위한 노력이 우리를 앞으로 나아가게 한다.

'망치를 든 철학자'로 불리는 니체는 영원한 신세계나 절대적 가치를 인정하지 않았으며, 전체주의·민족주의·국가주의를 비판했다. 철학이 이론에 그치지 않고 삶에 기여해야 한다고 생각했던 니체의 사상은 카뮈나 사르트르 같은 작가들과 프로이드나 융 같은 심리학자들, 릴케나 예이츠 같은 시인들에 이르기까지 폭넓게 영향을 미쳤다.

새로운 것에 대한 선의,
익숙하지 않은 것에 대한 호의를 가져라.

프리드리히 니체(Friedrich Wilhelm Nietzsche, 1844~1900)

강인한 사람은 다르게 본다

나약한 사람의 눈에는
잘 가꿔진 농장과 집만 보이지만

강인한 사람의 눈에는
허허벌판 속에서도 미래의 집과 농장이 보인다.

그의 눈은 마치 태양이 구름을 몰아내듯
빠른 속도로 집을 지어낸다.

랄프 왈도 에머슨(Ralph Waldo Emerson, 1803~1882)

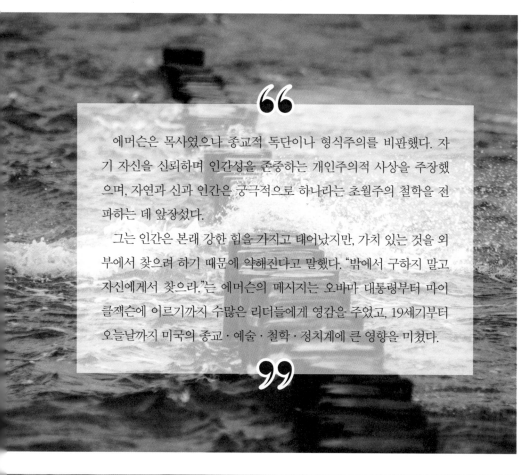

에머슨은 목사였으나 종교적 독단이나 형식주의를 비판했다. 자기 자신을 신뢰하며 인간성을 존중하는 개인주의적 사상을 주장했으며, 자연과 신과 인간은 궁극적으로 하나라는 초월주의 철학을 전파하는 데 앞장섰다.

그는 인간은 본래 강한 힘을 가지고 태어났지만, 가치 있는 것을 외부에서 찾으려 하기 때문에 약해진다고 말했다. "밖에서 구하지 말고 자신에게서 찾으라."는 에머슨의 메시지는 오바마 대통령부터 마이클잭슨에 이르기까지 수많은 리더들에게 영감을 주었고, 19세기부터 오늘날까지 미국의 종교·예술·철학·정치계에 큰 영향을 미쳤다.

글자나 말을
그림으로 바꾸어
이해해보라

나는 책의 글자나 다른 사람의 말을
언어 그 자체로 생각하지 않는다.

나는 그것들을 살아 움직이는 영상으로 바꾸어 이해한다.

그리고 나중에 그것을 다시 언어적으로 풀어낸다.

알버트 아인슈타인(Albert Einstein, 1879~1955)

상대성이론을 주창한 물리학자 아인슈타인은 숫자나 공식으로 생각을 풀어내지 않았다. 오히려 화가처럼 이미지나 영상으로 생각을 풀어낸 다음, 다시 글로 정리했다. 아인슈타인 이전에도 상대성이론에 거의 가깝다고 볼 수 있는 이론을 만든 물리학자와 수학자들은 있었고 아인슈타인과 같은 계산식을 얻어내기도 했다.

하지만 아인슈타인과 같은 위대한 연구 결과물을 만들어낼 수는 없었다. 그들은 아인슈타인처럼 큰 그림을 그려내는 능력이 없었고, 숫자에만 매달렸기 때문이다. 현대인들의 복잡한 업무나 공부에도 아인슈타인식 연상공부법은 큰 도움이 될 것이다.

미리 결론 내리지 마라

오스트리아의 심리학자인 아들러는 심리학자로는 처음으로 '열등감'에 주목했다. 프로이트의 제자였던 그는 어린 시절의 정신적 발달이 인격형성의 핵심이라는 프로이트의 견해에 반대하면서 "사람은 타고난 기질적 불완전성을 갖고 있는데, 여기서 발생한 열등감(inferiority)을 극복하고 보상하기 위해 노력하는 존재이고, 이 과정에 실패하면 신경증 증상이 생긴다."는 독자적인 이론을 만들었다. 그는 열등감에 의해 무능해진 사람들을 성숙하고 유능한 방향으로 인도하는 심리요법을 개발했다.

아들러에 따르면, 삶을 바꾸기 위해서는 자신의 문제를 환경의 탓으로 돌리는 '자기책임회피 성향'을 고치는 것이 무엇보다 중요하다. 환경을 탓하며 모든 일의 결론부터 내리는 습관을 버리지 않으면 더 나은 삶을 살 수 없기 때문이다.

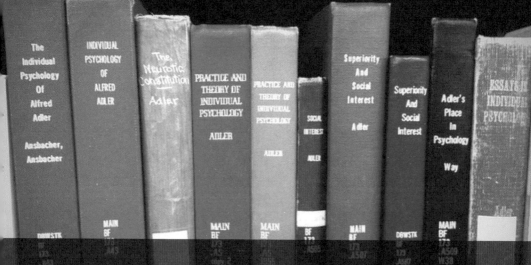

무엇을, 어떻게 경험할 지
사람들은 먼저 결정한다.
무엇을 경험해도 같은 결론을 내린다.
그들은 똑같은 실수를 되풀이한다.
그런 사람에게
당신이 이런 실수를 계속 하고 있다고 말해준다면,
아마 이런 반응을 할 것이다.
'부모나 가정환경의 문제, 또는 성장 환경의 어려움과
교육의 문제, 혹은 사회나 자신을 둘러싼 사람들과의 문제……'

그가 어떤 변명을 하든, 어떤 알리바이를 대든
그는 자신의 책임을 회피하려 하는 것이다.

알프레드 아들러(Alfred Adler, 1870~1937)

하던 대로 하지 말고
다양한 방법을 써라

　스페인의 대철학자 발타자르 그라시안은 니체와 쇼펜하우어가 '유럽 최고 지혜의 대가'로 칭송했던 인물이다. 인간 내면에 대한 통찰력 있는 분석으로 훌륭한 문장들을 만들어냈다. 그는 동시대의 위인들과 달리 성공에 대한 새로운 기준을 제시하고, 세상을 사는 방법에 대한 관점을 비틀기도 했다. 17세기를 살았던 사람임에도 불구하고, 그의 주옥같은 명언들은 현대인들의 삶과 성공에 남다른 영감과 통찰을 제시하고 있다.

실행을 할 때 다양한 방법을 써라.
특히 라이벌을 안심하게 하는 똑같은 방식의 일처리는 안 된다.

첫 번째 계획을 바로 실행하지 마라.
라이벌은 그런 단조로운 진행을 바로 알아차리고
당신을 앞질러서 당신을 기다리거나 좌절하도록 만든다.

직선 방향으로 날아가는 새를 명중시키는 것은 쉽지만,
곡선 방향으로 날아가는 새를 명중시키는 것은 쉽지 않다.

두 번째 생각을 실행하는 것도 좋은 방법이 아니다.
이미 도사리고 있는 적들을 속이기 위해서는 빠져나갈 기술이 필요하다.

게임을 잘하는 자는 결코 상대가 추측할 수 있는 카드를 내지 않으며,
상대가 원하는 카드는 더더욱 내지 않는다.

발타자르 그라시안(Balthasar Gracián, 1601~1658)

논쟁은 '칼이 아니라 머리로 하는 싸움'이다.

근거를 가지고 논쟁하며

상대방의 합리적 근거에 대해서

귀 기울일 줄 아는 사람하고만

논쟁을 벌여야 한다.

아르투어 쇼펜하우어(Arthur Schopenhauer, 1788~1860)

논쟁은
할 만한 사람하고만
하라

쇼펜하우어는 괴테와 여러 가지 철학적 주제에 대해 끊임없는 토론을 벌인 것으로도 유명하다. 관념론을 정면으로 반대하면서 '인간의 본질은 사유나 이성에 있는 것이 아니고, 의지에 있다'고 생각했다.

다만, 논쟁을 벌일 때에도 정당한 근거에 대해서는 기꺼이 받아들일 줄 아는 공평한 사람하고만 해야 한다고 말했다.

논쟁의 주제도 중요하지만, 논쟁할 대상을 선택하는 것은 더 중요하다.

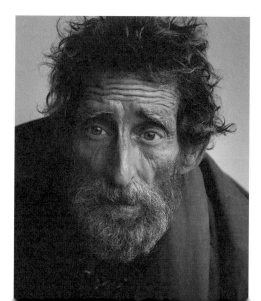
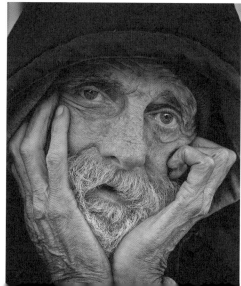

그냥 스쳐 지나가는 것을 탐구하라

사물의 가장 중요한 측면은
너무나 단순하고 친숙하기 때문에
우리 눈길을 끌지 못한다.

따라서 가장 근본적으로 탐구해야 하는 것은
그냥 스쳐 지나가는 법이다.

루트비히 비트겐슈타인(Ludwig Josef Johann Wittgenstein, 1889~1951)

흔히 비트겐슈타인이라는 이름 자체를 '천재'의 대명사로 쓰는데, 이는 비트겐슈타인이 여러 면에서 특별한 삶을 살았고 철학적 접근법도 독특했기 때문이다. 그는 기존의 철학이 '말할 수 없는, 눈에 보이지 않는 것'을 말하려고 함으로써 문제를 일으키고 있다고 믿었다. 그래서 '그림이론'까지 제시하며 형이상학과 도덕학이 아니라, 자연과학과 같이 실제 세계를 설명하는 것에 큰 의미를 두었다. 그것은 '말할 수 없는 것'이 증명될 수 없어서 무의미한 것이 아니므로, 구태여 증명하려고 해서 무가치하게 만들지 말라는 의미였다.

20세기 가장 위대하고 천재적인 철학자로 꼽히는 그는 '너무 익숙하기에 스쳐지나가는 것들' 속에 진짜 탐구해야 할 것이 있다고 조언하고 있다.

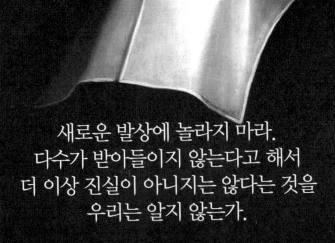

새로운 발상에 놀라지 마라.
다수가 받아들이지 않는다고 해서
더 이상 진실이 아니지는 않다는 것을
우리는 알지 않는가.

바뤼흐 스피노자(Baruch de Spinoza, 1632~1677)

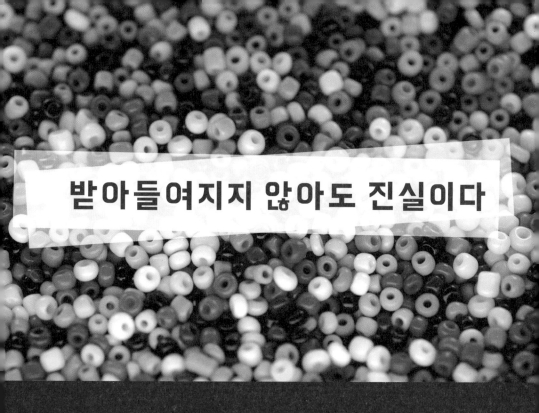

받아들여지지 않아도 진실이다

네덜란드의 철학자 스피노자는 네덜란드가 봉건적인 사회에서 벗어나 자본주의 체제로 가고 있던 시기에 살았다. 그의 사상에서 신은 무한하지만, 자기 자신으로 존재하는 실체이며 자연으로도 해석된다. 따라서 그의 사상은 형이상학적이며 유물론적이다.

스피노자는 삶 자체를 긍정적으로 바라보라고 말한 철학자였다. 유대인 공동체로부터 파문을 당하고 교수 초빙을 거절하는 등 예속을 거부한 그의 삶은 스스로 자유를 획득하고자 노력하는 과정이었다. 오늘날 많은 철학자들은 사회적 제도나 그에 따른 부정적 메커니즘에 빠져들 때, 스피노자의 철학을 다시 생각하곤 한다. 스피노자가 '철학자들의 그리스도'로 불리는 이유이다.

당연하지 않은 것을 제대로 보라

당연하지 않은 것을 제대로 보라

모든 성공의 비결은

당연하지 않은 것을

조직화해내는 데 있다.

오스발트 슈펭글러(Oswald Spengler, 1880~1936)

　독일의 문화철학자인 슈펭글러는 수학과 역사, 미술을 공부하였으며 그의 저서『서구의 몰락』은 1차 세계대전 이후의 유럽에 큰 영향을 주었다. 이 저서에서 그는 문명을 하나의 유기체로 인식하고 발생·성장·노쇠·멸망의 과정을 밟는다고 주장했다.

　그의 말을 해석하면, 문화는 태어나고 죽는다. 영원한 것은 없다. 역설적으로 우리는 멸망하는 문화 속에 살고 있으며 또한 새로운 문화를 꽃피울 의무가 있는 것이다. 그냥 흐름에 따라 사는 것이 아니라, 너무나 당연하다고 생각하는 것들 밖에서 당연하지 않은 것들을 찾아내고 그것을 모아 새로운 가능성을 찾는 것에 희망이 있다.

낯선 것을

낯설어
하지 마라

낯선 것을 낯설어 하지 마라

상상력이 위대한 발전을 만든다

과학에서의 모든 위대한 발전은
새롭고 대담한 상상력으로부터 나왔다.

존 듀이(John Dewey, 1859~1952)

　미국의 철학자이자 교육자인 존 듀이는 기능심리학의 선구자였다. 실용주의 철학학파를 창시했으며, 미국의 진보적 교육운동에 앞장섰다. "자아는 이미 만들어진 것이 아니라 선택을 통해 계속 만들어가는 것이다."라고 주장했던 존 듀이는 도덕이나 윤리는 변화하고 성장하며, 절대적이고 변함없는 가치는 존재하지 않는다고 했다. 그래서 기존의 고정된 관념에서 벗어나 대담한 상상력을 발휘해서 앞으로 나아가야 한다는 주장을 펼쳤다.

멀리
떨어져서
바
라
보
라

살면서 때로는 멀리서 바라보는 눈이 필요할 때가 있다.
친한 사람들과 멀리 떨어져서 그들을 생각하면
함께 있을 때보다 훨씬 더 그립고 아름답게 느껴진다.

어떤 대상과 어느 정도 거리를 두고 바라보면
많은 것들이 생각보다 훨씬 더 소중하고
아름답다는 것을 깨닫게 된다.

프리드리히 니체(Friedrich Wilhelm Nietzsche, 1844~1900)

  기독교 사상이 지배적이고 대부분의 철학자들이 관념론을 따르던 시절, 니체는 '영원한 가치'를 인정하지 않고 '대지 위의 삶을 사랑하라'라고 가르쳤다. 현실적인 눈으로 세상을 바라봤던 철학자답게 그는 기존의 관념에 얽매이지 않는 새로운 시각을 가질 것을 주장했다.

  니체는 "젊은이를 추락시키는 확실한 방법은, 다르게 생각하는 사람 대신 같은 사고방식을 가진 이를 존경하도록 강요하는 것이다."라고 말했다. 그의 조언처럼 같은 사고방식을 가진 사람들과만 함께하는 것은 우물 안 개구리로 사는 것과 같다. 또한 새로운 것을 발견하기 위해서는 거리를 두고 관찰하는 것이 필요하다. 늘 함께하는 사람들조차 멀리 떨어져 거리를 두고 보면 새로운 면을 발견할 수 있을 것이다.

뱀이 허물을 벗지 못하면 죽고 말듯이
인간도 낡은 사고의 허물에 갇혀 있으면
성장은커녕 안에서부터 썩기 시작하여 마침내 죽고 만다.
**따라서 인간은 항상 새롭게 살아가기 위해
사고의 신진대사를 해야만 한다.**

프리드리히 니체(Friedrich Wilhelm Nietzsche, 1844~1900)

낡은 사고에 갇히지 마라

니체는 말했다. "안이하게 살고 싶다면, 항상 군중 속에 머물러 있으라. 그리고 군중 속에 섞여 너 자신을 잃어버려라."

군중 속에서 함께 몰려다니면 일신은 편할 수 있지만 더 많은 것을 생각할 기회도 여유도 잃게 된다. 낡은 사고의 틀에 갇히기 쉽고, 새로운 발상도 할수 없다. 그러므로 지속적인 사고의 성장을 추구해야만 우리는 새로운 길을 만들 수 있을 것이다.

합리적인 것이 꼭 옳은 것은 아니다

합리적이거나 간단하거나 편한 것이
'옳다'는 증거가 될 수는 없다.
자기 스스로 판단한 것은 더더욱 그렇다.
그 속에는 이기심이 들어 있다.

임마누엘 칸트(Immanuel Kant, 1724~1804)

　우리는 늘 복잡하고 난해한 해결방법
보다는 합리적이고 간편한 방법을 찾게
된다. 그런데 칸트는 그런 생각에 반기
를 들었다. 칸트의 철학이 일관적으로
주장하고 있는 것은 바로 '경험과 최대
한 떨어져서 사고해 보는 것'이다.

　칸트의 인식론은 어떤 대상이 가지는
형식들 중에서 그것 없이 생각될 수 없
는 어떤 형식이 무엇일지 검토해 보라
고 요구한다. 이런 칸트의 사고방식은
오늘날 더욱 복잡해지는 사고체계의 삶
을 살고 있는 현대인들에게 판단력의
기준을 제시하고 있다.

사물을 얼마나 다르게 볼 줄 아는가

나는 꿈에 잠길 때마다 단 몇 분만이라도
우리 집 개의 뇌로 생각할 수 있기를 바랐다.

파리의 눈으로 세상을 바라볼 수 있기를 바라기도 했다.

세상의 사물들이 얼마나 다르게 보일 것인가.

장 앙리 파브르(Jean Henri Fabre, 1823~1915)

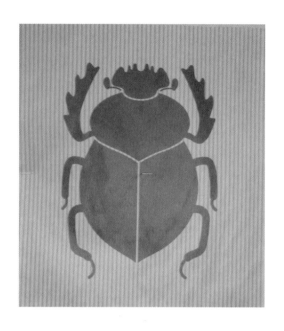

    곤충학자의 대명사인 파브르는 30여 년간 남다른 관찰과 사유를 바탕으로 곤충의 생태를 연구하며 『곤충기』를 썼고, 그 원고는 무려 10권의 책으로 출간되었다.

    "나는 젊은이들에게 자연과학에 대한 사랑을 일깨우고 싶다."라고 말한 그는 순수자연과학 교육에 대한 중요성을 몸소 실천하였다. 곤충 연구에 평생을 바친 파브르는 몇 시간에 걸쳐 미동도 하지 않은 채 곤충들의 움직임을 관찰했는데, 그런 몰입의 경지가 놀라운 연구의 비결이었다. 그는 연구 대상과 혼연일체가 될 정도로 몰입하면 그 대상의 모든 것을 읽어낼 수 있다고 믿었고, 스스로 관찰하고 깊이 생각한 것에 대해서만 글을 썼다.

돌아갈 수 없지만
새로 시작할 수는 있다

어느 누구도 과거로 돌아가서
새롭게 시작할 수는 없지만

지금부터 시작해서
새로운 결실을 맺을 수는 있다.

카를 바르트(Karl Barth, 1886~1968)

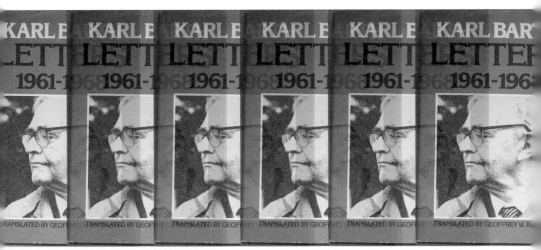

  스위스의 신학자였던 바르트는 자본가가 노동자를 착취하는 잘못을
하나님의 복음으로 바로잡고자 했다. 독일에서 청년기를 보낸 그는 히
틀러에 굴복한 독일 교회에 반발해서 독일 밖으로 추방당했다. 그후로
도 현실참여적인 성직자로서 인권운동에 앞장섰다.

  보수적이고 전통적인 사고방식을 고집하지 않았던 바르트는 과거에
얽매이지 말고 지금 이 순간을 또 다른 시작으로 삼아 새로운 시도를
하라고 강조했다.

지식보다 중요한 것이 상상력이다

나는 상상력을 자유롭게 이용하는 데
부족함이 없는 예술가이다.
지식보다 중요한 것은 상상력이다.
지식은 한계가 있다.
하지만 상상력은 세상의 모든 것을 끌어안는다.

알버트 아인슈타인(Albert Einstein, 1879~1955)

IMAGINATION IS
MORE IMPORTANT
THAN
KNOWLEDGE.
KNOWLEDGE IS
LIMITED.
IMAGINATION
ENCIRCLES THE
WORLD.

ALBERT EINSTEIN

아인슈타인의 특수상대성이론은 비범한 발상에서 시작되었다. 다른 과학자들이 오랫동안 옳다고 믿어온 이론들을 그대로 수긍하지 않고, 물질과 우주에 대해 근원적인 의문을 가졌기 때문이다. 그는 겉으로 일어나고 있는 일들을 무턱대고 진실이라고 믿지 않았다. 그런 독창적이고 철학적인 사고방식이 특별한 연구 결과를 만들어낸 것이다. 그래서 "지식보다 상상력이 중요하다."는 아인슈타인의 말이 의미심장한 것이다.

기존의 지식들을 흡수하는 데만 집중한다면, 새로운 발상을 통해 또 다른 발견을 해낼 기회를 스스로 차단하는 것이다. 주변에 널린 정보와 지식 속에서 전혀 새로운 가치를 찾아내는 상상력이야말로 현대인의 삶에서 가장 중요한 성공 포인트일 것이다.

왜 남과 같아지려 하는가

우리는

남과 같아지려고

자신의 4분의 3을 잃어버린다.

아르투어 쇼펜하우어(Arthur Schopenhauer, 1788~1860)

왜 남과 같아지려 하는가

독일의 위대한 철학자인 쇼펜하우어는 교단에 서지 않고, 글을 쓰며 살았다. 염세주의자였고 항상 주위를 경계하며 불안해했다.

그는 '의지'는 모든 자연현상의 바탕이 되며, 우주의 중력에서부터 인간의 자기의식까지 세계의 본질적인 내면이라고 규정했다. 자연의 힘이나 식물의 성장에 이르기까지 생물들이 자기를 보전하려는 모든 본성이 그가 말한 의지이다. 따라서 무한한 인간의 의지는 그것을 충족하는 데에 많은 어려움을 겪게 마련이고, 욕망을 채우고 나면 또 다른 욕망이 생기므로 고통스러울 수밖에 없다.

그는 '남과 같아지려고 하는 인간의 잘못된 생각이 자신의 잠재력의 대부분을 잃게 한다'고 개탄스러워했다.

젊음은
여름같은
날들이다

젊음은 여름같은 날들이다

지금 이 순간을 소중히 여겨라

같은 강물에 발을 두 번 담글 수 없다.

두 번째 들어갈 때 이미 그 강물은 흘러갔기 때문이다.

헤라클레이토스(Heraclitus of Ephesus, BC 540~480)

　헤라클레이토스는 소크라테스 이전의 그리스 철학자로 "이 세상에 변화 말고 영원한 것은 없다."고 말했다. 그는 '지금 이 순간은 다시 오지 않는다'는 가장 근본적인 진리에 충실할 것을 설파했다.

　또 "태양은 늘 새롭다."는 말로 끊임없는 것, 즉 변화를 강조했는데 "어느 것도 영원히 존재하지는 않고 모든 것은 생성한다."고 말한 그의 생성론은 현대 물리학자들의 이론과도 평행을 이루고 있다. 수천 년 전 고대 철학자들의 생각이 현대 사상가들의 생각과 얼마나 맞닿아 있는지 잘 보여주고 있다.

오래된 친구는 축복이다

오래된 친구가 주는 축복 중의 하나는
그 친구 앞에서는 바보가 되어도 좋다는 것이다.

랄프 왈도 에머슨(Ralph Waldo Emerson, 1803~1882)

　랄프 왈도 에머슨의 '자기신뢰(self-reliance)'에 대한 가르침은 오늘날 많은 이들에게 큰 영감과 용기를 주고 있다. 그는 타인에게 휘둘리지 말고 자기 자신을 강하게 믿어야 자신을 성찰할 수 있으며, 앞으로 나아가는 지혜를 가질 수 있다고 했다. 그의 신념은 미국 시민의식의 토대가 될 정도로 미국 사회 전반에 깊이 뿌리 내렸다.

　또한 그는 유럽의 여러 지역을 다니면서 많은 문인들과 교류했는데 토머스 칼라일, 워즈워드 등 당대의 문호와도 우정을 나누었다. "집을 가장 아름답게 꾸미는 것은 자주 찾아오는 친구들이다."라는 명언을 남기기도 했다.

모든 경쟁은 얻을 게 없다

절대 경쟁하지 마라.

모든 경쟁은 신용을 해친다.

경쟁자들은 우리를 비방할 기회를 잡는다.

명예로운 전쟁을 하는 사람은 별로 없다.

경쟁자들은 잊혀졌던 잘못을 들추어낸다.

많은 사람들이 경쟁자 없이 명성을 유지했다.

늘 호의적인 사람들은 평온하고,
명망 있는 사람들은 대개 호의적이다.

발타자르 그라시안(Balthasar Gracián, 1601~1658)

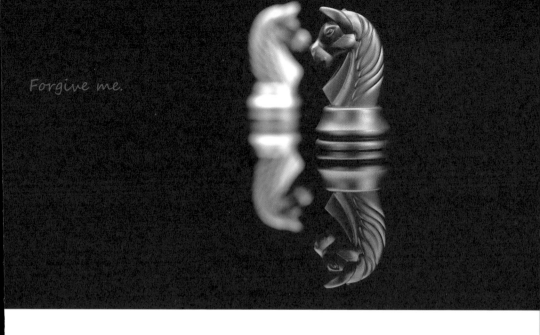

Forgive me.

"언제나 상황에 대비할 다양한 방법을 준비하라."고 했던 발타자르 그라시안. 그는 같은 방법을 구사하면 경쟁자만 늘어날 뿐이라고 하면서 '경쟁' 자체를 하지 말라고도 당부했다. '경쟁의 장에 머무르지 않고, 전혀 다른 카드를 준비하는 자만이 성공으로 가는 지혜를 가질 수 있다'는 그의 논리는 현대 마케팅 이론과도 맥을 같이 한다.

　호의적인 태도로 평온을 유지하며, 전혀 다른 방법으로 실행하는 것이야말로 명망을 얻고 그것을 유지하는 방법일 것이다.

함께 식사하고
쾌활함을 잃지 마라

혼자 식사하는 것은 좋지 않다.
생각에 잠겨 고독한 식사를 하다 보면
점점 쾌활함을 잃게 된다.

임마누엘 칸트(Immanuel Kant, 1724~1804)

칸트는 매일 아침 5시에 일어나 독서를 했으며, 산책시간도 정해놓을 정도로 자기관리가 철저했다. 하지만 점심시간만큼은 여유 있고 풍성하게 즐겼다. 각계각층의 다양한 손님을 초대해 와인을 마시며 오랜 시간 지적 교류를 나누었다. 서너 시간 넘게 점심을 먹기도 했으며, 거의 매일 이런 사교의 자리는 계속 되었다.

칸트는 자신이 태어난 고향 마을을 평생 떠나지 않고 연구 활동에만 매진했다. 그럼에도 불구하고 폭넓은 분야에서 다양한 학문적 성취를 거두었다. 뿐만 아니라 독신으로 살았지만 쾌활한 삶을 살았고 유쾌한 강의를 오래 했는데, 그 비결은 바로 다양한 벗들과의 즐거운 식사시간에 있었다고 해도 과언이 아니다.

자기 자신을
사랑하고 존경하라

자기 자신을 하찮은 사람으로 취급하지 마라.
그런 태도는 자신의 행동과 사고를 옭아매게 한다.

어떤 일을 하더라도 자기 자신을 사랑하는 것에서 시작하라.
지금까지 살아오면서 아직 아무것도 이루지 못하였더라도
자신을 항상 존엄한 인간으로 사랑하고 존경해야 한다.

자기 자신을 사랑하면 결코 악행을 저지르지 않게 되고
타인으로부터 지탄받을 일도 저지르지 않게 된다.

그런 태도가 미래를 꿈꾸는 데 있어
강력한 힘이 된다는 점을 잊지 마라.

프리드리히 니체(Friedrich Wilhelm Nietzsche, 1844~1900)

　"자신의 영혼 속에 존재하는 영웅을 외면하지 마라."라고 말했던 니체는 자신의 존엄성을 소중히 하라고 강조했다. 또한 살아가면서 꿈과 이상을 버리면 스스로 발전하겠다는 의지나 자기 자신을 극복하겠다는 강고한 마음도 잃어버리게 된다고 말했다.

　니체는 운명에 대해 말하면서 '아모르 파티(Amor fati)'라는 말을 즐겨 썼다. 이는 '운명을 사랑하라'는 뜻이지만, 니체는 운명에 순종하기를 바라지 않았다. 그는 "운명은 모든 사람에게 필연적인 것이지만, 여기에 순종하면 창조성을 가질 수 없다. 운명을 적극적으로 받아들이고 사랑할 때 자기만의 새로운 삶을 이루게 되고, 바로 여기서 창조성이 큰 힘을 발휘하게 되는 것이다."라고 말했다.

함께 감동받고
함께 웃어라

함께 웃는 것은 멋진 일이다.
여럿이서 함께 똑같은 일을 경험하고 감동받으며,
울고 웃으면서 함께 시간을 보낸다는 것은
정말 멋진 일이다.

프리드리히 니체(Friedrich Wilhelm Nietzsche, 1844~1900)

니체는 "사랑은 눈을 멀게 하지만, 우정은 눈을 감아준다."고 했다. 그만큼 우정이란 우리의 삶을 따뜻하게 만드는 것이다. 인간은 누구나 고독하지만, 여럿이 함께 하는 삶에서 만족을 찾을 줄 알아야 행복해질 수 있다. 그는 '군중 속에 휩싸여 자신을 잃어버리지 말 것'을 당부했지만, 여럿이 함께 협업하고 감동하는 과정은 소중히 여겼다.

니체는 친구란 '서로 믿는 두 사람이 초인이 되기를 목표로 한 방향으로 나아가는 화살 같은 것'이라고 생각했다.

작은 기쁨도
크게 기뻐하라

작은 일에도 최대한 크게 기뻐하라.

주변의 사람들이 덩달아 기뻐할 정도로 즐겁게 지내라.

즐거워하면 기분이 좋아지고 몸의 면역도 강화된다.

마음을 혼란스럽게 하는 잡념 따위를 잊을 수 있고,

타인에 대한 증오심도 줄어든다.

부끄러워하거나 참지 말고 마음이 이끄는 대로

마치 어린아이가 된 듯 싱글벙글 웃으면서 지내라.

프리드리히 니체(Friedrich Wilhelm Nietzsche, 1844~1900)

146

 니체는 "자신의 삶에 모든 것을 걸고 온 힘을 쏟아 최대한 능력을 발휘하며 살아가야 한다."고 했다. 그렇게 하기 위해서는 스스로 만족감을 갖고 작은 기쁨도 더 크게 기뻐하며 앞으로 나아가야 한다. 나아가기를 멈출 때 우리의 삶은 지극히 평범해지기 때문이다.

 또한 분노나 질투의 감정도 잘 다스려야 한다. 스스로 즐거운 기분으로 전진한다면 당연히 잡념이 생기지 않고 타인에 대한 미움도 사그라들 것이며, 자신의 미래를 바라보는 긍정적인 생각만 하게 될 것이다.

 니체는 자신의 주관은 버리지 않되 그밖에 다른 것들은 대자연의 흐름에 맡긴 채 나아가기를 바랐다. 삶이 고달픈 현대인들에게 '오직 어린아이처럼, 즐겁게 미래를 만들어가라'고 조언하고 있다.

한 번도 춤추지 않았던 날은
잃어버린 날이라고 생각하는 것이 옳다.
한 번의 큰 웃음도 가져오지 못하는 진리는
전부 가짜라고 불러도 괜찮다.

프리드리히 니체(Friedrich Wilhelm Nietzsche, 1844~1900)

니체는 "아침에 눈을 뜨면 무엇보다도 먼저 '오늘은 한 사람에게만이라도 기쁨을 주어야겠다'는 생각으로 하루를 시작하라."고 했다. 인생 자체를 기뻐하고 즐겁게 살아갈 것을 주장한 것이다. 심지어 책에 관한 정의에서도 "책은 독자를 발견해서 그의 생명을 불타게 하고, 기쁘게 하며 놀라게 하고, 새로운 작품을 만들게 하는 등 마치 정신과 영혼을 갖춘 생명체처럼 살아 있어야 한다."고 했다.

밝은 기분이 일을 풀리게 한다

창조적인 일이든 평범한 일이든,
항상 밝고 가벼운 기분으로 해야 순조롭게 풀린다.
그래야만 사소한 제한에 연연해하지 않는 자유로움이 생긴다.

평생 이런 마음을 지켜나가면
그것만으로도 많은 것을 이루어내는 사람이 될 것이다.

프리드리히 니체(Friedrich Wilhelm Nietzsche, 1844~1900)

니체는 어린 아이들에게서 가장 이상적인 인간의 모습을 보았다. 그것은 아이들의 순수한 호기심 때문이다. 그는 이 호기심을 '피동적이지 않고 세상에 도전하며 자신의 힘으로 힘차게 돌아가는 바퀴 같은 삶'을 살게 하는 동력이라고 생각했다. 이런 동력은 "변명을 하고 미적거리는 사람은 가질 수 없으며, 통쾌하게 큰 웃음을 지으며 큰 강물의 흐름을 따라 사는 밝은 사람만이 가질 수 있다."고 말했다.

경쟁

하지 말고

멀리

바라보라

산길을 가다보면 쉬는 것을 잊는다.
앉아서 쉬다보면 가는 것을 잊는다.
소나무 그늘 아래 말을 세우고 물소리를 듣기도 한다.

뒤따라오던 사람 몇몇이 나를 앞질러 간들
제각기 갈 길 가는 터에 또 무엇을 다툴 것이랴.

송익필(宋翼弼, 1534 ~ 1599)

송익필은 율곡 이이, 우계 성혼과 함께 우정과 학문을 나누며 조선 성리학의 전성기를 열었던 학자였다. 복잡한 집안 내력으로 인해 노비의 신분이 되기도 했던 굴곡 많은 삶을 살았다. 선대에 이어 여러 정쟁에 휘말리면서 도피생활을 오래 했는데 그 와중에도 수많은 명문을 남겼다.

'산행(山行)'이라는 제목의 위 시는 모든 것을 초탈한 듯한 내용을 담고 있다. 사람은 모두 제 갈 길을 가게 마련인데 갈 길을 재촉한들 무슨 소용이냐면서 그저 내 길을 갈 뿐이라고 말하고 있다. 이 시는 치열한 경쟁 속에서 살고 있는 현대인들에게 귀감이 되는 명문이다.

大成至聖文宣王

젊은 날에
모든 계획을
세우라

인생의 계획은 젊은 시절에 달려 있고
일 년의 계획은 봄에 있으며
하루의 계획은 아침에 달려 있다.

젊어서 배우지 않으면 늙어서 아는 것이 없고
봄에 밭을 갈지 않으면 가을에 바랄 것이 없으며
아침에 일어나지 않으면 아무 한 일이 없게 된다.

공자(孔子, BC 551~479)

공자의 '삼계도(三計圖)'에 나오는 말이다. 중국 춘추시대 노나라의 철학자
였던 공자는 일생의 계획, 일 년의 계획, 하루의 계획도 다 이른 시기에 결정
된다고 했다. 이것은 젊을 때 열심히 공부하고 일하라는 교훈을 주고 있다.
공자의 이 말씀은 『명심보감』에 인용되었는데, 이 책은 고려시대 어린이들
의 학습을 위해 중국 고전에 나온 선현의 말씀 중 어릴 때부터 꼭 알아야 할
부분들을 편집한 책이다.

우울증으로 어려움을 겪는 사람들에게
이런 처방을 준다.

"14일 안에 좋아질 수 있는 간단한 방법이 있습니다.
한 사람을 정해놓고
매일 그 사람을 어떻게 기쁘게 해줄 것인지
생각해보는 겁니다."

오직 스스로에게만 집중된
자신에 대한 과도한 생각이
여러 가지 병을 만들기 때문이다.

알프레드 아들러(Alfred Adler, 1870~1937)

타인을 기쁘게 하라

　심리학자 아들러는 프로이트의 문하에 들어갔지만, 그의 생각을 온전히 받아들일 수는 없었다. 아들러는 '개인심리학'을 창시하면서 인간의 열등감을 주된 연구 소재로 삼았다. 그는 심리적으로 건강한 사람은 자신의 열등감을 극복하고 자기완성에 도달하기 위해 우월성을 추구하기 때문에, 발전적인 생활 태도를 갖게 된다고 말했다. 그러기 위해서는 자신의 부족한 점을 스스로 인정하고 극복하려는 의지를 갖고 부단히 노력해야 한다고 강조했다.

　아울러 우울증은 자신에게 지나치게 집중하는 사람에게 나타나는 병이므로 '자신에 대한 과도한 생각'을 줄이라고 조언하고 있다.

힘들게
이루어야
내 것이다

힘들게 이루어야 내 것이다

　맹자는 중국 역사상 전국시대라고 불리는 어지러운 상황 속에서도 자신의 주장을 차분히 펼쳐나갔던 학자였다. 인간의 성선설을 주장했는데, 개인의 덕성을 함양하기 위해서 마음을 수양해야 한다고 했다. 또한, 아무리 착한 본성을 가진 인간이라도 그대로 두면 황폐화되기 때문에 후천적인 교육이 꼭 필요하다고 강조했다. 인간은 교육을 통해 사유하고, 선악을 가리어 옳음을 따라가기 때문이다. 또한 맹자는 고통이 없으면 망하고, 안락에 취하면 그 또한 망하는 길이므로, 뜻을 이루기 위해서는 힘든 모든 것을 감당해야 한다고 강조했다.

내 몸 편한 길이 죽는 길이다

하늘이 어떤 이에게 장차 큰일을 맡기려 할 때는 반드시 먼저
그 마음을 수고롭게 하고 근육과 뼈를 지치게 하며
육체를 굶주리게 하고 생활을 곤궁하게 해서
행하는 일이 뜻대로 되지 않도록 가로막는데,
이것은 그의 마음을 움직여 그 성질을 단련시키며
이전에는 도저히 할 수 없었던 일을 더 잘하도록 하기 위함이다.

사람은 언제나 잘못을 저지른 뒤에야 바로잡을 수 있고,
곤란을 당하고 뜻대로 잘 되지 않은 다음에야
분발하고 상황을 파악하게 되며,
잘못된 신호가 나타난 뒤에야 비로소 깨닫게 된다.

내부적으로 법도 있는 대신과 제대로 보필하는 선비가 없고,
외부적으로 적이나 외환이 없는 나라는 언젠가 망하게 된다.

우리는 그 다음에야 우환이 사는 길이고,
안락이 죽는 길임을 알게 되는 것이다.

맹자(孟子, BC 372~289 추정)

공부하는 자는
들어가는 문이 다르다

나무가 둥글게 혹은 모나게 깎이는 것은
단지 목수의 손에 달려 있고,
사람이 사람답게 되는 것은
뱃속에 글이 얼마나 들어 있느냐에 달려 있다.
열심히 공부하면 글을 자기 것으로 할 수 있지만
게으름을 피우면 뱃속이 텅 비게 된다.
배움의 이치란
태어났을 때엔 누구나 현명함과 어리석음이 같지만
배우지 못했기 때문에 그 들어가는 문이 달라지는 것이다.

두 집안에서 아들을 낳았다 해보자.
둘 다 어린 시절에는 별 차이가 없고
조금 자라서 같이 모여서 놀 때에는
무리지어 헤엄치는 물고기나 다름이 없다.
그러나 나이가 열 두서넛이 되면 서로 능력을 나타내는 점이 달라지고
스무 살 경이 되면 그 차이가 점점 더 벌어져
맑은 냇물과 더러운 도랑을 비교하는 것처럼 차이가 난다.
그 후 서른 살, 골격이 굵어질 나이가 되면
하나는 용이 되고 하나는 돼지가 된다.

신마(神馬)와 비황(飛黃)은 높이 뛰어 내달릴 뿐
두꺼비 따위는 돌아보지도 않는다.
결국 한 사람은 말의 고삐를 잡는 시종이 되어
채찍 맞은 등에서는 구더기가 끓게 되고,
다른 한 사람은 삼공(三公) 재상(宰相)의 고귀한 사람이 되어
대저택의 깊은 곳에서 의기양양하게 지내게 된다.

여기서 묻는다. 무슨 까닭으로 이렇게 되었는가?
그것은 바로 배우고 배우지 않은 차이다.
금이나 옥이 귀한 보배라고들 하지만
너무 쉽게 쓰게 되어 간직하기는 어렵다.
하지만 학문은 몸에 간직하는 것이다.
그 몸만 있으면 아무리 써도 남음이 있다.

군자가 되고 소인이 되는 것은
그 부모와 관계있는 것이 아니다.

보아라.
삼공의 후예들이 헐벗고 굶주리면서
몸을 실을 당나귀 한 마리 없이 문 밖에 나서는 것을.

문장(文章)은 귀한 것이다.
경서(經書)가 가르치는 것이 곧 전답(田畓)과 다름이 없다.
길바닥에 고인 물은 근원이 따로 없다.
아침엔 구덩이에 가득 찼다가도
저녁이면 말라 없어지는 것이다.
사람으로 태어나 고금(古今)에 통하지 않으면
말과 소가 사람의 옷을 입은 것이나 다름없다.
자신의 불의(不義)에 빠진 상태에서
어떻게 명예를 바라겠는가.
지금 계절은 오랜 장맛비가 갠 가을이다.
맑고 시원한 기운이 들판에 일어나니
점점 등불을 가까이할 만하고
책을 펼칠 만한 시절이다.

어떻게 아침저녁으로 너를 걱정하지 않겠느냐.
너 자신을 위해서 세월을 아까워 하여라.
사사로운 마음과 마땅히 해야 할 일은 둘 다 충족하기는 어려워
이렇게 시를 써서
네게 머뭇거리지 말고 공부에 정진하라 말하고자 한다.

한유(韓愈, 768~824)

166

　이 시는 중국 초당시대의 문인이자 사상가였던 한유가 아들에게 써준 '권학시(勸學詩)'이다. 한유는 아들이 멀리 공부하러 떠날 때 이 시를 지어 가르침을 주었다. "배우면 군자가 되고 배우지 않으면 소인이 된다."고 강조한 한유는 아버지로서 사랑하는 아들을 곁에 두고 싶은 마음이 많지만, 아들의 장래와 마땅히 해야 할 공부를 위해 주저 없이 유학길에 올라 공부하기를 독려했다.

　한유는 이전까지 유학자들이 다소 홀대했던 『맹자』『대학』『중용』『주역』을 폭넓게 인용했으며, 규칙적인 운율과 고사성어로 가득 찬 글들을 배격하고 자유롭고 간결한 문체를 즐겨 썼다.

자신의 노력으로 얻은 부귀가
오래간다

자신의 노력으로 얻은 부귀는 들에 핀 꽃과 같아 햇빛만 받아도 잘 핀다.
남의 도움으로 얻은 부귀는 정원의 꽃과 같아서 잘 가꾸어야 꽃이 피고
남을 해치고 얻은 부귀는 화병의 꽃과 같아서 곧 시들어버린다.

홍응명(洪應明, 1573~1619)

이 글은 중국 명나라 시대 문인인 홍응명이 지은 인생 처세서인『채근담』에 있는 글이다. '채근(菜根)'이란 나무 잎사귀나 뿌리처럼 변변치 않은 음식을 말하는데, 송나라의 학자 왕신민이 "사람이 항상 나물뿌리를 씹을 수 있다면 세상 모든 일을 다 이룰 수 있다."고 한 말에서 비롯된 것이다.

　이 책은 나물뿌리에서 느낄 수 있는 맛처럼 삶의 진리도 소박하다는 내용을 담고 있다. 또한 부패하고 혼란했던 시대를 살면서 저자 자신이 깨달은 '인생을 지혜롭게 살아가는 방법'을 알려주고 있다. 위의 글은 남에게 도움받기를 기대하거나, 남을 해치고 재물 얻기를 바라지 말고 스스로 모든 것을 이루어가야 온전히 자신의 것이 됨을 강조하고 있다.

습관을 두려워하라

습관은 나무껍질에 새겨놓은 문자 같아서
그 나무가 자라남에 따라 함께 커진다.

- 새무얼 스마일즈(Samuel Smiles, 1812~1904)

　　스코틀랜드의 정치개혁자이자 저널리스트였던 새무얼 스마일즈는 『인격론』
『검약론』『의무론』『자조론』이라는 4권의 책으로 유명하다. 특히 '자조(self help)'를
설파하면서 개인의 삶에서의 개혁을 강조했다. 그런 차원에서 그는 '습관'에
주목했다.

　　"습관은 처음에는 거미줄처럼 힘이 없지만 일단 몸에 밴 후에는 쇠사슬 같
은 구속력을 발휘한다. 하늘에서 내려오는 눈처럼 별것 아닌 듯 보여도 일단
쌓이면 눈사태를 만들어낸다."고 했다. 스스로 자신을 반듯이 세우고 나쁜 습
관이 뿌리내리지 않도록 하는 것이 성공적인 인생을 살아가는 데 가장 중요
하다는 의미이다.

어려움은 반드시
스스로 극복하라

네가 난처한 일을 당해도 섣불리 동료의 도움을 받지 마라.
다른 사람의 도움으로는 어려움을 잠시 피할 수 있을 뿐이다.
끈기와 분별력을 가지고 어려움을 극복해라.
스스로 배운 것만을 잘 알 수 있다.
……

학문 연구서는 암호를 풀 듯 해독해야 하는 수수께끼이다.
누군가 너에게 열쇠를 준다면,
그 해결법만큼 쉽고 당연한 것은 없어 보일 것이다.
하지만 두 번째 문제가 닥치면,
너는 첫 번째 문제를 풀 때와는 달리 해결 능력이 없을 것이다.

장 앙리 파브르(Jean Henri Fabre, 1823~1915)

파브르가 곤충을 연구했던 과정은 거의 종교적인 행위에 가까울 정도였다. 기존의 학문적 바탕에 의존하지 않고, 평생 독자적으로 곤충 연구에 매진했던 파브르는 누군가의 도움을 받는 대신 끈기와 자신만의 관점, 문학적인 감성으로 연구자의 길을 걸어갔다. 오랜 시간 곤충들의 동작을 움직임 없이 지켜보고 일일이 관찰기를 써내려갔던 그의 연구과정은 학문적 성과만큼이나 높이 평가할 만 것이었다.

파브르는 "나는 학자와 철학자를 위해 글을 쓰지만 우선적으로 젊은이들을 위해 글을 쓴다. 나는 젊은이들에게 자연과학에 대한 사랑을 불어넣어 주고 싶다."라고 말했다. 이처럼 그의 삶과 연구과정은 그 자체로 젊은이들에게 큰 가르침을 준다.

학문은
날마다 하는
행동 속에
있다

학문을 하지 않은 사람은 마음이 막히고
식견이 어둡기 마련이다.

따라서 반드시 글을 읽고 이치를 궁리해서
자신이 마땅히 나가야 할 길을 밝혀야 한다.

그런 뒤에야 조예가 깊어지고 행동도 올바르게 된다.

그런데 사람들은 학문이 날마다 행동하는 속에
있음을 알지 못하고 까마득히 높고 멀어서
보통 사람은 하지 못한다는 공연한 생각을 한다.

그래서 학문을 남에게 미루고 자신은 이로써 만족하니
어찌 슬픈 일이 아니겠는가?

율곡 이이(栗谷 李珥, 1536~1584)

조선 중기 유학자이자 정치가였던 이이는 "입으로만 읽고 마음으로 본받지 않거나 행동으로 실행하지 않는다면, 책은 책대로 나는 나대로 되고 말 것이다. 이렇게 책을 읽는 것은 아무 소용이 없다."고 말했다.

그는 학문이라는 것은 특별한 것이 아니라 자애로운 아버지가 되고, 효도하는 자식이 되고, 충성하는 신하가 되고, 가족 형제 친구에게 우애와 믿음을 실천하는 것이라고 정의했다. 아울러 배움이라는 것이 하루하루 생활에 있음을 깨닫게 된다면, 포기할 것도 없고 두려워할 것도 없다고 하면서 학문의 생활화를 강조했다.

66

입으로만 읽고 마음으로 본받지 않거나
행동으로 실행하지 않는다면,
책은 책대로 나는 나대로 되고 말 것이다.
이렇게 책을 읽는 것은 아무 소용이 없다.

99

진리는
시간의 팔에 기대어
절뚝거리며

언제나
맨 마지막에
온다.

발타자르 그라시안(Balthasar Gracián, 1601~1658)

그라시안은 인간관계에 관한 통찰력 있는 어록을 남긴 것으로 유명하다. 사회적 존재인 인간이 대인관계에 있어 어떤 철학과 기술을 갖고 있어야 하는지에 대한 그의 현실성 있는 조언은 촌철살인과도 같다.

특히 신중한 사람이 되기 위해서는 가장 마지막 순간까지 평정심을 잃지 않고 뜻하는 바를 추구해야 함을 강조했다.

이처럼 어떻게 하면 원하는 것을 얻고, 자신의 입지를 지켜갈 수 있는지에 대한 그의 가르침은 현대인에게 큰 도움이 된다.

현재의 일에 몰두할 때가
가장 기쁘다

화가는 그림을 완성시켰을 때보다도
정신없이 그림에 몰두할 때에
더 큰 기쁨을 느낀다.

루키우스 안나이우스 세네카(Lucius Annaeus Seneca, BC 4 추정~65)

세네카는 고대 로마시대의 정치인이었으며 철학자, 시인, 작가였다. 시대와 사람에 대한 뛰어난 관찰자이자 훌륭한 문장가였던 그는 복잡하고 혼란스러웠던 로마 네로황제 시절을 살면서 이론철학을 발전시켜 나갔다. 네로황제의 보좌역을 맡았지만, 네로의 폭정이 극심해지자 절망감을 느끼고 관직에서 물러났다.

세네카는 특히 『행복론』으로 유명한데, '이성이라는 선물에 감사하며 욕망과 두려움에서 자유로운 사람'이 진정 행복한 사람이라고 정의했다. 그는 "우물쭈물 하는 사이에 인생은 금방 지나가버린다."라고 말하면서 인생의 유한함을 깨닫고 현재 하는 일에 몰두할 것을 강조했다.

말을 줄이고 조용히 공부하라

성인을 본보기로 삼고 큰 뜻을 가져라.
말을 줄이고 마음을 안정시켜라.

잡념과 망상을 없애고
계속 공부해서 마음을 고요하게 하라.

악은 혼자 있을 때 마음에서 생기므로
항상 스스로를 경계하는 마음을 가져라.

글을 읽는 까닭은 옳고 그름을 분별해서
일을 합당하게 처리하기 위한 것이다.

재물과 영화로움에 대한 욕심을 버리고
일을 편리하게 해치워버리려는 마음을 없애라.

단 한 가지의 불의나 단 한 사람의 희생이라도 있다면
천하를 얻는 것도 소용없음을 알아라.

다른 사람을 선하게 변화시키지 못하는 것은
나의 성의가 부족하기 때문이라고 여겨라.

밤에 잠을 자거나 몸에 질병이 있는
경우가 아니면 눕지 마라.

공부는 늦추어도 안 되고, 성급하게 해서도 안 되고
평생 꾸준히 해나가라.

율곡 이이(栗谷 李珥, 1536~1584)

율곡은 스무 살 때 '자경문(自警文)'을 지어 스스로 경계하며 살았다. 어린 시절부터 뛰어난 문학적 재능을 보여 열세 살 때 진사 초시에 합격한 신동이었으나, 자신의 재능에 만족하지 않았고 학문에 매진했다. 열다섯 살 무렵에는 다른 학자로부터 더 이상 배울 것이 없을 정도로 학문의 깊이가 더해졌다.

　허례허식을 비판했고, 도덕과 예절이라는 포장 아래 위선이 팽배한 사회를 비판적인 시각으로 바라보았다. 사물의 본질을 생각하는 사심 없는 정직한 자세를 갖기 위해 평생 노력했다. '자경문'은 목표를 높이 세우는 것부터 수면 습관에 이르기까지 꼼꼼하게 자신을 관리한 율곡 이이의 반듯한 삶을 한눈에 보여준다.

모든 것은
자신에게서
출발한다

모든 것은 자신에게서 출발한다

나로 인해
한 사람이라도
행복하게 하라

에머슨은 미국 문화 전반에 큰 영향을 미친 인물로, 사람은 누구나 정신적인 잠재력을 갖고 있다는 믿음을 강조했다. 목사직을 그만둔 후 유럽을 여행하면서 인간과 자연의 영적인 교류에 대해 깊이 생각하게 되었는데, 이후 독자적인 문학가로서 자연에 대한 깊은 성찰을 바탕으로 한 초월주의를 이끌었다. 이처럼 에머슨은 어느 사상가보다 독창적인 인물이었다.

자주 그리고 많이 웃는 것
현명한 이에게 존경을 받고
아이들에게서 사랑을 받는 것

정직한 비평가의 찬사를 듣고
친구의 배반을 참아내는 것

아름다움을 식별할 줄 알며
다른 사람에게서 최선의 것을 발견하는 것

건강한 아이를 낳든
작은 정원을 가꾸든
사회 환경을 개선하든
자기가 태어나기 전보다
세상을 조금이라도 살기 좋은 곳으로
만들어놓고 떠나는 것

자신이 한때 이곳에 살았음으로 해서
단 한 사람의 인생이라도 행복해지는 것

이것이 진정한 성공이다.

랄프 왈도 에머슨(Ralph Waldo Emerson, 1803~1882)

어떤 씨앗을 골라
물을 줄 것인가

우리의 마음은 밭이다.
그 안에는 기쁨, 사랑, 즐거움, 희망과 같은
긍정의 씨앗이 있는가 하면
미움, 절망, 좌절, 시기, 두려움 등과 같은
부정의 씨앗이 있다.

어떤 씨앗에 물을 주어 꽃을 피울지는
전적으로 자신의 의지에 달려 있다.

틱낫한 Thich Nhat Hanh, 1926~

틱낫한은 베트남 출신의 평화운동가이자 세계 불교계의 상징적 인물이다. 불교의 내용을 쉽고 명확하게 설명하면서 깨어 있는 삶에 대한 가르침을 주는 것으로 유명하다. 항상 여행하면서 고통 받는 사람들을 찾아다니며 불교의 자비를 실천해오고 있다. 특히 불교사상의 사회적 실천을 강조하면서 '참여 불교운동'을 주장하였다. 지금은 프랑스에서 주로 활동하며 여러 수행원을 세우고 있다.

그는 "우리 안에 지니고 있는 수많은 종류의 씨앗 중에 행복의 씨앗을 틔우고 성장시킨다면 자신뿐만 아니라 타인까지 행복하게 해줄 수 있다."고 강조하면서, 긍정의 씨앗으로 꽃을 피우고 열매를 맺게 하라고 당부하고 있다.

모든 것은 나 자신에게 달려 있다

우리는 저마다 안으로 들어갈 수 있는 오두막을 갖고 있다.
휴식을 취하고 호흡할 수 있는 장소를 갖고 있다.
하지만 그것은 그대가 세상으로부터 멀어진다는 의미가 아니다.
그대가 자기 자신과 더 많이 만나는 것을 의미한다.

한 곡의 노래가 순간에 활기를 불어넣을 수 있다.
한 자루의 촛불이 어둠을 몰아낼 수 있고
한 번의 웃음이 우울함을 날려보낼 수 있다.
한 가지 희망이 당신의 정신을 새롭게 하고
한 번의 손길이 당신의 마음을 보여줄 수 있다.
한 개의 별이 바다에서 배를 인도할 수 있다.
한 번의 악수가 영혼에 기운을 줄 수 있다.
한 송이 꽃이 꿈을 일깨울 수 있다.
한 사람의 가슴이 무엇이 진실인가를 알 수 있고
한 사람의 삶이 세상에 차이를 가져다준다.
한 걸음이 모든 여행의 시작이고
한 단어가 모든 기도의 시작이다.

이 모든 것이 당신에게 달린 일이다.

틱낫한(Thich Nhat Hanh, 1926~)

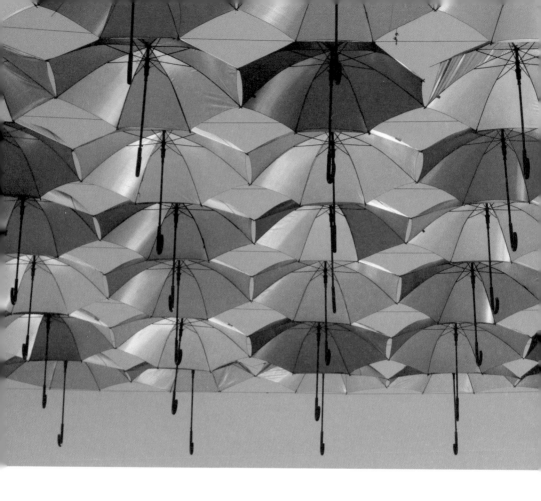

아무리 미미해 보이는 시작이라도 그것의 영향은 엄청날 수 있으며, 세상을 변화시킬 수 있다. 이 글은 실천적 평화운동가인 틱낫한의 모든 사상을 읽어낼 수 있는 글이다. '단 하나'의 그 무엇에서 모든 변화가 만들어진다는 '미미한 시작의 소중함'에 대해 다시 생각해보게 한다.

자기 생각만이
옳다고
생각하지 마라

옛날 바닷새가 노나라에 날아와 앉았다.
노나라 임금은 이 새를 친히 종묘 안에 데리고 와
술을 권하고, 아름다운 음악을 연주해주고,
소와 돼지, 양을 잡아 대접하였다.
그러나 새는 어리둥절해하고 슬퍼하였으며,
고기도 술도 입에 대지 않은 채 사흘 만에 죽어버렸다.

이것은 자기와 같은 사람을 대하는 방법으로 새를 기른 것이지,
새를 기르는 방법으로 새를 기른 것이 아니다.

장자(莊子, BC 369~289)

"말로 설명하거나 배울 수 있는 도(道)는 진정한 도가 아니며, 도는 시작도 끝도 없고 한계도 없다."고 했던 장자. 그렇게 끝이 보이지 않는 도의 길을 걸으며 자연으로 돌아갈 것을 주장했던 그는 이 글에서는 사람과 사람의 관계에 대해 언급하고 있다.

장자는 아무리 타인을 사랑하고 귀하게 여긴다고 해도 자신의 방식으로 상대를 위하려 들어서는 안 된다고 말하고 있다. 현명한 관계를 맺기 위해서는 상대의 방식을 인정하고, 그 본성을 바라봐줄 줄 알아야 한다. 자신의 기준으로 상대를 판단하지 않는 것에서 좋은 관계는 시작되는 것이다.

흥분하지 말고 평정을 유지하라

결코 마음의 평정을 잃지 마라.

절대 당황하지 않는 것이 지혜의 핵심이다.

그것은 완전하고, 고상한 사람의 표시이며,

관대함은 쉽게 평정을 잃지 않게 한다.

흥분은 영혼의 우스꽝스러움이며,
지나친 흥분은 신중함을 잃게 한다.

발타자르 그라시안(Balthasar Gracián, 1601~1658)

세상을 살다보면 흔들리고 갈등하면서 마음의 평정을 잃기 쉽다. 그라시안은 사람들을 흔드는 것의 실체를 정확히 간파하여 그 순간 신중함과 지혜를 가질 수 있도록 날카롭게 조언하고 있다.

그라시안은 특히 '평정심'을 유지할 것을 강조했다. 어떤 상황에서든 흥분하면 자신만 우스꽝스러워지고, 신중함을 잃게 되어 자신이 목표로 하는 것을 얻을 수가 없다. '평정심'이란 흔들리지 않는 마음이다. 무슨 일이든 성공하려면 평정심을 유지하는 것이 가장 중요하고, 특히 경쟁의 상황에서는 평정심을 유지해야 이길 수 있다.

복종할 줄 알아야 한다

복종하는 법을 배우지 못한 자는
훌륭한 지휘관이 될 수 없다.

아리스토텔레스(Aristoteles, BC 384~322)

아리스토텔레스는 모든 학문에 걸쳐 사전적인 기호지식을 쌓고 논리학을 수립한 철학자이다. 특히 스승인 플라톤의 이데아론에 반대해, 자연탐구를 중시하는 현실적 철학관을 펼치며 과학적 연구를 해나갔다.

그는 복종에 대한 명언을 남겼는데 "나쁜 사람들은 두려워서 복종하고, 선한 사람들은 사랑해서 복종한다."라고 말했다. 이는 진정 규칙과 명예를 위해 복종할 줄 아는 사람만이 리더십도 가질 수 있음을 이야기하고 있다.

총명함만으로 되는 것은 없다

총명함은 모든 것에 유용하지만,

아무것에도 충분하지는 않다.

앙리 프레데릭 아미엘(Henri–Frédéric Amiel, 1821~1881)

스위스 제네바대학에서 미학과 철학을 가르쳤던 아미엘은 인간의 내면세계에 대한 연구를 평생 해나갔다. 사람은 누군가와 함께해야 건강해지는 존재이며, 누군가를 만나고 알아가면서 느끼는 기쁨이야말로 가치 있는 감정이라고 했다. 인간은 서로 생각이나 목표가 달라도 누군가와 함께하면서 느끼는 위로가 필요한 존재이기 때문이다.

그러므로 인간의 삶에서 총명함은 무엇을 하든 유용하게 쓰이는 무기이지만, 그것만으로는 부족한 것이다. 인생이라는 여행에는 동반자가 필요하고 그들을 기쁘게 해주는 마음이 더 소중하다. 그래서 그는 "민첩하게 사랑하고 서둘러 친절하라."라고 말했던 것이다.

타인을 이렇다 저렇다 판단하지 말라.
타인을 평가하지도 말라.
타인에 대한 소문도 입에 담지 말라.
그 사람이 이렇다 저렇다 하는 생각도 아예 하지 말라.
그 같은 상상이나 사고를 되도록 하지 말라.
이렇게 하는 것이 좋은 인간성의 상징이다.

프리드리히 니체(Friedrich Wilhelm Nietzsche, 1844~1900)

타인을
평가하지 마라

    니체의 이 말은 수많은 인간관계 속에서 타인에 대해 지나치게 관심을 갖거나, 그들을 의식하는 것은 자신을 파괴하는 어리석은 일임을 보여주고 있다.

    니체는 이웃을 사랑하라고 했지만, 그보다 먼저 자기 자신을 사랑하라고 했다. 그는 "순수하게 이기적이지 않은 행위를 할 수 있는 존재는 불사조에 대한 이야기보다 더 터무니없는 것이다.", "결코 어떤 사람도 단순히 다른 사람을 위하여, 개인적인 어떤 동기도 없이 어떤 일을 한 적은 없었다." 라고 말했다. 자기 자신을 사랑하는 것은 인간의 본성이자 타인의 삶을 존중하는 방법인 것이다.

적절하게 화내기는
어려운 일이다

누구든지 화낼 줄은 안다. 그건 쉬운 일이다.
그러나 적절한 대상에게 적절한 정도로, 적절한 때에,
적절한 목적으로, 적절한 방법으로 화를 내는 것은
모든 사람들이 할 수 있는 일이 아니며,
쉬운 일도 아니다.

아리스토텔레스 (Aristoteles, BC 384~322)

ARISTOTELIS DE
MORIBVS AD NICOMACHVM
LIBRI DECEM.
Græcis Latina eregionè respondent, interprete DIONY-
SIO L'AMBINO: cum eiusdem Annotationibus, &
THEOD. ZVINGGERI Scholijs.

LIBER PRIMVS.
CAPVT PRIMVM.
Tria ueluti prolegomena declarat: Subiectum scilicet philosophiæ Ethicæ:
Modum siue rationem eius tractandæ & explicandæ: &
Qualem auditorem esse oporteat.

아리스토텔레스는 "화란 반드시 필요하고 화 없이는 전쟁에서도 승리할 수 없다. 싸울 때는 가슴에 화를 품고 사기를 불태워야 한다. 하지만 화가 전쟁을 지휘하는 장군이 되어서는 안 되며, 그저 장군을 돕는 병사 역할에 머물도록 해야 한다."라고 말했다. 즉, 스스로 자기 삶의 리더가 되기 위해, 어떤 팀을 이끌기 위해서는 화를 적절히 다스려 유용하게 써야 함을 강조한 것이다.

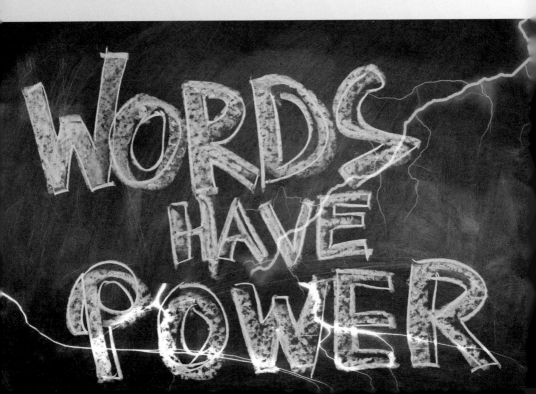

이지러지고 흠이 난 구슬은 갈고 닦아서
오히려 반들반들하게 만들 수 있지만,

말은 한 번 잘못하면 담을 수 없고
나를 위하여 혀를 붙잡아줄 사람도 없다.

그래서 말은 자신에게서 나오지만

실수하기 쉽기 때문에 ,

늘 엄하게 단속하여

제멋대로 나오지 않게 하기 위해 노력해야 한다.

율곡 이이(栗谷 李珥, 1536~1584)

이미 학문적 경지가 어느 누구도 따라올 수 없을 만큼 높았던 이이는 23살 무렵, 당시 대학자이던 퇴계 이황을 직접 찾아가서 만났다. 이황과 사상을 논하고 질의응답을 주고받았다. 이후에도 서신을 통하여 여러 학문적 이견에 대해 논했을 때도 명망 있는 대학자의 눈치를 보지 않고, 자신의 진솔한 의견을 서슴없이 피력했다.

선조 임금은 이런 율곡을 아껴 많은 의견을 취했고, 인재등용에 대한 조언도 구했다. 이에 이이는 "전하에게 충성을 다짐하는 사람을 피하고, 자기 일에 충성을 다짐하는 사람을 가까이 하시라. 전하에게 충성을 다짐하는 신하는 전하를 배신할 수도 있지만, 자기 일에 충성을 다짐하는 사람은 전하를 배신하는 일이 결코 없을 것이다."라고 올곧은 답변을 하였다. 항상 현상의 본질을 생각하며 말했던 그는 말하는 것에 실수가 없도록 스스로를 경계하였다.

왕과 동행할 때 마음이 흔들리지 않고,

거지와 함께할 때 그를 업신여기지 않는다면,

당신은 인격자다.

마르쿠스 툴리우스 키케로(Marcus Tullius Cicero, BC 106~43)

당신은
인격자인가
아닌가

키케로는 로마 공화정 말기의 철학자였고, 변호사 역할을 한 변론가였다. 항상 웃는 얼굴로 이야기하기를 좋아했고, 너그러운 인격을 가진 것으로 알려진 키케로. 그는 당시의 권력자인 안토니우스를 향한 직설적인 공격 때문에 결국 죽임을 당할 수밖에 없었다. 그러나 공화정을 옹호했던 절충주의자, 또는 회의주의자라는 비판적인 평가를 받기도 한다. 그리스 철학사상의 핵심을 쉽게 전달하는 저술가일 뿐이라는 평가도 있지만, 당대 최고의 저술가임은 분명했다. 개인의 고결함을 지켜내며 부정한 일에 가담하지 않는 인품은 그 혼란의 시대에서는 진정 고귀한 것이었다. '인격자'에 대한 그의 정의는 오늘날에도 유효하다.

행복한 끝맺음을 위해
노력하라

잘 마무리 하라.
환호의 문을 열고 들어가면 탄식의 문에서 나가게 된다.

마지막을 생각하며,
등장할 때의 박수갈채보다 행복한 끝맺음을 위해 노력하라.
박수 속에 시작했지만 비극적인 결말을 맞이하는 것은
불행한 사람들의 대체적인 운명이다.

등장할 때 박수를 받는 것은 흔한 일이고 별로 중요하지 않다.
행운이 나가는 문까지 따라가는 사람들은 별로 없다.

발타자르 그라시안(Balthasar Gracián, 1601~1658)

그라시안은 세상을 상당히 부정적으로 바라본 성직자이자 철학자였다. 이 세계는 위선으로 가득 찬 곳이므로, 성공해야 할 사람이 실패할 가능성이 높다고 판단했다. 그래서 이런 세상에서 생존하기 위해 반드시 명심해야 할 것이 '신중함'이라고 했다.

타인의 생각에 귀 기울이되 자신의 생각을 쉽게 노출하지 말라는 것이 그의 주된 충고였다. 그런 부정적인 생각이 당시의 종교적 세계관과 충돌할 수밖에 없었지만, 오늘날 그라시안의 조언들은 복잡하게 얽힌 세상살이에 힘겨워하는 현대인들에게 주효하다. 특히 그라시안은 무슨 일이든 시작보다 끝이 중요하므로 마무리를 잘하기 위해 신중하게 행동하라고 강조하면서, 시작할 때 사람들이 보내는 격려와 박수에 들뜨지 말기를 경고했다.

심장이
쿵하는
철학자의 말